Inhalt

Vorwort

Stehen zwei Münchner Mütter auf einer Party.
Fragt die eine:
»Und – auf welches Gymnasium gehen deine Kinder?«
Sagt die andere:
»Auf gar kein Gymnasium. Sie gehen auf die Realschule.«
Sagt die eine:
»Oh!«

Warum ich dieses Buch geschrieben habe? Weil Dialoge wie der oben kein Witz sind. Und weil ich bei derartigem Partygeplänkel mehr als einmal »die andere« war.

Ja, es gibt viele Bücher über Schule. Über den Sinn und Unsinn des deutschen Schulsystems. Über unterschiedliche Schultypen und pädagogische Ansätze. Über unfähige Lehrer und überehrgeizige Eltern, die über ihren Kindern schweben wie Helikopter und nur einen Schulabschluss gelten lassen: Abitur. Dieses Buch soll etwas anderes beschreiben. Es soll beschreiben, was es mit einer Familie macht, wenn Kinder in der Schule Probleme haben.

Nein, meine Töchter sind keine spektakulären Schulversagerinnen, sie haben keine ausgeprägten Teilleistungsstörungen, sie wechselten nicht ständig die Schule, sie haben nicht mal Verweise bekommen. Die Schule ist ihnen einfach nur schwergefallen. Doch das allein hat ausgereicht, um unsere Familie aus dem Gleichgewicht zu bringen. Und gewaltig zu stressen. Und zwar über ein ganzes Jahrzehnt.

Dieses Buch beschreibt den Kampf um die Noten, die Prüfungen, die Abschlüsse – und die immer wiederkehrende Niedergeschlagenheit, die sich damit oft über unsere Familie legte wie ein dunkles Tuch. Es beschreibt aber auch, wie wichtig es ist, dass wir Mütter und Väter uns selbst erziehen, uns um Abstand bemühen, den Humor behalten. Wie wichtig es ist, dass wir verstehen, warum Schule in unserer Gesellschaft eine so große Bedeutung für Eltern bekommen hat. Dass wir uns wehren gegen eine Vereinnahmung als Hilfslehrkräfte – und gegen eine Schulpanik, die in Mittelschichtsfamilien manchmal geradezu hysterische Züge annimmt. Und nicht zuletzt handelt dieses Buch auch von Erfolgen, überraschenden Wendungen. Und vom Licht am Ende des Tunnels.

Meine Geschichte ist aus der Sicht einer Mutter geschrieben. Sie ist ganz und gar subjektiv. Mein Mann würde das wahrscheinlich alles ganz anders erzählen. Und doch ist es eine Geschichte, die vielen Schulkind-Müttern und vielleicht auch manchen Vätern bekannt vorkommen dürfte. Nicht nur in Bayern. Zwar gehen unsere Töchter in München zur Schule, aber meine Arbeit als Redakteurin für die Zeitschriften *Eltern* und *Eltern family* bringt es mit sich, dass ich oft mit Eltern aus allen Teilen der Republik spreche – und auch, wenn es in bayerischen Schulen vielleicht noch etwas strenger zugehen mag als im übrigen Land: Wann immer ich von unseren Erfahrungen erzählte, in Hamburg, in Frankfurt, in Thüringen oder im Allgäu, stöhnte bestimmt irgendjemand: »Wie bei uns!«

Für mich selbst hatte das Aufschreiben beinahe etwas Therapeutisches. Immer wieder hat es meine Töchter, meinen Mann und mich an einen Tisch gebracht, um Ereignisse, Gefühle, Höhe- und Tiefpunkte, die nun mitunter schon über zehn Jahre zurücklagen, zu rekonstruieren. Das war schön! Genauso wie die Stunden, in denen ich meiner Familie das Buch vorgelesen habe, als es fertig war – und ich mir wünschte, dass sie es als Erste freigaben und für gut befanden. Da haben wir alle gespürt: Mit etwas Abstand ist manches nicht mehr so schwer, und wir konnten auch wieder die vielen komischen Situationen sehen, die uns im Schulalltag begegnet sind.

Und nun hoffe ich, dass dieses Buch auch anderen hilft: All den Eltern, die wie ich unfreiwillig zu Hilfslehrern und Hilfslehrerinnen gemacht wurden und werden. Und damit vielleicht auch ihren Kindern – vor allem denen, die nicht dahin gehen, wo alle hinwollen: aufs Gymnasium.

Anke Willers, im Frühjahr 2019

23 Jahre vorher

Mein letzter Schultag

Es war im Mai 1983, an einem Freitag, dem 13. Ich weiß es noch genau: Ich fuhr mit dem Fahrrad durch die frühsommerlichen Roggenfelder der niedersächsischen Provinz. Immer geradeaus. Mein Herz hüpfte, und die Halme auf dem Feld, durch das der Weg führte, schienen mir wie eine große La-Ola-Welle zuzuwinken. So, als wollte jeder einzelne mir zurufen: »Hey, du hast es geschafft. Glückwunsch!«

Ja, ich hatte es geschafft! Zwei Stunden vorher hatte ich meine letzte Abiprüfung bestanden. Es war die mündliche. Gemeinschaftskunde: Faschismustheorien. Es war gut gelaufen. Ich trat ausgelassen in die Pedale und dachte: »Freitag, der 13. – das ist mein Glückstag. Und 13 meine Glückszahl.«

Als ich zu Hause ankam – meine Eltern hatten eine Landwirtschaft –, ging gerade mein Vater über den Hof. »13 Punkte«, rief ich ihm zu. Mein Vater hob den Daumen. Auch, wenn er wahrscheinlich nicht mal genau wusste, ob 13 Punkte jetzt viel oder wenig waren. Denn in meinen 13 Schuljahren hatte er sich nie um meine Schulangelegenheiten gekümmert. Meine Mutter war immerhin zu den Elternabenden gegangen. Und hatte mir gut zugeredet, wenn ich vor irgendeiner Klassenarbeit in Panik ausgebrochen war. Sie hatte in der Unterstufe zwei- oder dreimal ein Kunstbild für mich fertig gemalt – eins, das weiß ich noch, trug den Titel »Astern im Herbst«. Aber neben mir gesessen und geholfen – das hatte sie nie.

Vielleicht, weil es nicht nötig war. Vielleicht, weil meine Eltern vieles, was ich lernen musste, in ihrer Nachkriegsschulzeit selber nicht gelernt hatten: Französisch, Latein, Kurvendiskussionen. Dabei konnten sie mir nicht helfen. Vielleicht aber auch: Weil es damals nicht erwartet wurde. Schule war Kindersache. Schule war Lehrersache. Aber eines war Schule sicher nicht: Elternsache. Und man konnte auch ein guter Vater, eine gute Mutter sein, wenn man Sohn oder Tochter nicht permanent coachte.

Außerdem war das Abitur noch nicht Pflicht. Als ich zur Schule ging, konnte man mit Realschulabschluss eine Banklehre machen und mit Hauptschulabschluss Buchhändlerin werden. Und dass ich jetzt mein Abitur hatte, obwohl ich ein Mädchen vom Land war und dazu noch die Erste unter meinen Geschwistern mit Hochschulreife, war wahrscheinlich auch eine Folge der Bildungsexpansion, die in den Siebzigerjahren Fahrt aufgenommen hatte. Lange war höhere Bildung vor allem den Jungs vorbehalten und Menschen aus akademischen Familien, die meist in den großen Städten lebten. Doch dann, in den Siebzigern, wurde durch zahlreiche Schulreformen versucht, das Bildungsniveau für alle anzuheben.

Ich wurde 1970 eingeschult. Meine Eltern hatten kein Abitur machen können. Aber sie hatten früh verstanden, dass gute Bildung wichtig ist. Nicht, dass sie mich drängten, aber sie ermutigten mich: »Wenn du gut bist in der Schule, dann geh aufs Gymnasium! Und wenn du weitermachen willst, helfen wir dir auch, ein Studium zu finanzieren.«

Klar war allerdings irgendwie auch: Das Lernen, die Referate und die Prüfungen musst du alleine schaffen. Das galt aber nicht nur für mich, sondern auch für die meisten anderen, die mit mir in der Klasse waren.

Und wir waren viele. Ich gehöre zum geburtenstärksten Jahrgang der Nachkriegszeit: 1964. Damals wurden ungefähr doppelt so viele Babys geboren wie heute. Die Stufe war an vielen Schulen sechszügig, die Klassen hatten bis zu 38 Kinder. In meiner Klasse hieß jeder zweite Junge Jens und jedes zweite Mädchen Heike. Und überall, wo wir hinkamen, waren schon sehr viele andere. Das bedeutete für uns Babyboomer auch: ranhalten, anstrengen, irgendwie auffallen - am besten durch Leistung. Im Sport, bei der Bewerbung fürs Praktikum und natürlich in der Schule.

Denn die Konkurrenz war groß. Nur wenn man gut war, dann wurde das was. Und meistens fing es mit der Konkurrenz schon morgens um sieben an. Dort, wo ich aufgewachsen bin, in der Lüneburger Heide, gab es im Umkreis von 30 Kilometern nur ein einziges Gymnasium. Deshalb wurden damals in unserer Region verstärkt Schulbusse eingesetzt - schließlich sollte das Projekt Bildungsexpansion nicht am weiten Weg scheitern.

Der Schulbus war eine Herausforderung. Morgens fuhr er eine Stunde über die Dörfer. Es war laut, stickig, eng, und der Bus war vollgestopft mit Babyboomern. Wir stritten um einen Sitzplatz, und mindestens die Hälfte von uns musste stehen. Man versuchte im Lärm noch schnell ein paar Vokabeln zu lernen. Oder wartete sehnsüchtig darauf, dass am siebten Bushäuschen, gleich neben der Milchkanne, endlich die beste Freundin einstieg. So war es im Winter. Im Sommer nahm ich das Fahrrad und den Weg durch die Felder.

Ja, meine Schulzeit war okay und verlief ohne größere Vorkommnisse. 13 Jahre lang. Ich kam zurecht mit dem System Schule. Ich kapierte, wie die Lehrer tickten und was sie von uns wollten. Und das Lernen fiel mir relativ leicht. Ich konnte die Erfahrung machen: Wenn ich mich reinhänge, trägt es Früchte. Und wenn nicht: Dann brauche ich Glück, damit was Gutes rauskommt. Am Ende, im Abi, hängte ich mich rein UND hatte Glück. Es kam was Gutes raus.

Und trotzdem: An diesem Tag im Frühsommer war ich froh und erleichtert, dass es vorbei war. Denn auch für gute Schülerinnen wie mich war Schule nicht angstfrei. Schließlich hatte ich ständig was zu verlieren. Und die guten Noten waren Teil eines Selbstkonzepts, das viel mit Leistung und mit Lernen zu tun hatte. Den Abschluss geschafft zu haben bedeutete für mich auch: Nie wieder bei der Rückgabe von Klassenarbeiten Lehrersätze hören zu müssen wie: »Ich bin enttäuscht von euch, so kommt ihr nie durchs Abi!«

Nie wieder diese Angst beim Einschlafen, dass ich beim Lernpoker aufs falsche Pferd gesetzt hatte. Und dass mich am nächsten Tag ausgerechnet der Lehrer drannehmen würde, gegen dessen Fach ich mich am Vortag entschieden hatte, weil ich lieber noch zum Schwimmtraining wollte. Oder dass ich mich bei der Prüfung einfach nicht mehr erinnern konnte, was genau mit den ketogenen Aminosäuren im Zitronensäurezyklus passierte.

Nie wieder Elternsprechtag! Nie wieder Bundesjugendspiele. Nie wieder Klassensprecherwahl und das blöde Gefühl beim Auszählen der Stimmen.

Nie wieder Schule!

Ach, ich hatte ja keine Ahnung.

Grundschuljahre

Vom Ernst des Lebens, der keinen Spaß verstand

Im September 2006 – ich lebte inzwischen in München und hatte Mann und zwei Kinder: Greta und Ida[1] – wurde ich ein zweites Mal eingeschult. Und zwar zusammen mit meiner großen Tochter Greta, die damals gerade sechs Jahre alt geworden war.

Ich wollte das nicht. Ich hatte nicht vor, noch mal zur Schule zu gehen. Ich fand: Schule ist Kinder- und Lehrersache. Und Grundschule sowieso. Da sollen die Eltern sich nicht ständig einmischen. Das schaffen die Kinder auch allein.

Und dieser ganze Förderzirkus war sowieso nicht meins. Ich hatte schon zur Kindergartenzeit nicht zu denen gehört, die ihre Kinder überallhin kutschierten. Und schon gar nicht würde ich meine Töchter mit dem SUV zur Schule fahren und ihnen den Ranzen und das Pausenbrot hinterhertragen.

Nein, ich würde auch nicht den Personal Trainer für meine Kinder machen und um sie rumhelikoptern. Schließlich hatte ich nicht nur Kinder, sondern auch einen Beruf, und um den irgendwie mit der Familie vereinbaren zu können, hatte ich Anfang der Nullerjahre richtig kämpfen müssen. Denn damals gab es weder bezahlte Elternzeit noch Kitaausbau.

Was mir Mut machte, war die Tatsache, dass ich Mädchen hatte. Das schien – zumindest was die Schule anging – ein klarer Startvorteil. Mädchen, so hörte ich überall, kämen von Anfang an in der Schule besser klar: weil sie besser still sitzen und fokussierter arbeiten könnten, sich sprachlich oft differenzierter ausdrückten, feinmotorisch geübter und meistens auch angepasster seien. Das wiederum gefalle vor allem den weiblichen Lehrkräften, die ja in der Grundschule die große Mehrheit des Kollegiums ausmachten.

Ja, ich war überzeugt: Das läuft bei uns!

Doch schon im letzten Kindergartenjahr dämmerte es mir: Ich war auf dem Holzweg. Und die Lage war ernster, als ich es wahrhaben wollte: »Geht ihr normal – oder macht ihr was Privates?«, wurde ich beim Schultütenbasteln gefragt. Und während ich für Gretas Schultüte ein paar Deko-Schmetterlinge ausschnitt, überlegte ich, was damit wohl genau gemeint war.

Dann ahnte ich: Die Frage zielte auf die Schulwahl. Und die unausgesprochene Botschaft zwischen den Zeilen hieß: »Normal ist 2006 nicht mehr normal. Wenn du dein Kind einfach in der Grundschule um die Ecke einschulst, machst du es dir schlicht zu einfach. Es gibt schließlich noch Montessori und Waldorf und die Reformpädagogen, und du weißt ja, da kommen andere Menschen raus, bessere ...!«

Es gibt, so erfuhr ich weiter beim Basteltag, auch die zweisprachige Privatschule. (Die unausgesprochene Botschaft: »Englisch ist heute so wichtig, und in der ersten Klasse sind noch alle Lernfenster offen. Da haben sie später im Beruf gleich einen Vorsprung.«) Und, achja, die Grundschule im Stadtviertel nebenan soll auch viel besser sein als die aus dem eigenen Sprengel ... (Die unausgesprochene Botschaft: »Die haben eine sehr nette Schulleitung und nicht so viele Kinder aus schwierigen Verhältnissen – aber das darf man ja nicht laut sagen.«)

»Aber kommt man da nicht nur hin, wenn man da wohnt?«, fragte ich.

Die ausgesprochene Botschaft der Bastelmutter neben mir, die schon ein Kind in der Schule hatte:
»Musst du halt deinen Wohnsitz ummelden!«
»???«
»Na, pro forma bei einer Freundin einziehen.«
»Das ist aber ein ganz schöner Aufwand und außerdem geschummelt.«
»Das wär mir mein Kind aber wert.«

BÄMM! Und schon war es da, das schlechte Gewissen. Ich hatte doch tatsächlich gedacht, ich melde mein Kind einfach in der Grundschule um die Ecke an.

»Klar machen wir das«, sagte der Kindsvater, selbst eher pragmatisch veranlagt. »Ist doch bloß die Grundschule, muss man doch nicht so einen Bohei drum machen. Außerdem: Wenn die ganz woanders zur Schule gehen, können die sich ja nachmittags gar nicht verabreden oder müssen immer irgendwo hinkutschiert werden.« Ich dankte ihm für diese klaren Worte. Und wir beschlossen: Unser Kind geht normal.

Wir beschlossen außerdem: Es war auch normal, dass Greta vor der Schule noch nicht lesen konnte. Und wir würden das vorher auch nicht extra mit ihr üben. Trotzdem verunsicherten mich die Berichte anderer Eltern: »Neulich sitzen wir so am Tisch, und da guckt mein Kleiner ganz versonnen auf die Wasserflasche und sagt dann plötzlich: Vi-ta-quell. Einfach so. Also, ich hab ihm das nicht beigebracht ...«

Unsere Tochter konnte das vor der Schule nicht. Sie sagte weder »Vitaquell«, wenn sie auf eine Wasserflasche schaute, noch »natürliches Mineralwasser mit Kohlensäure«. Unser Kind sagte: »Ich hab Durst!« Es schraubte selbstständig den Deckel ab und zielte ins Glas. Greta konnte auf Litfaßsäulen auch schon große Gs erkennen – wie bei »Greta«. Und große Ws wie in »Willers«. Aber reichte das für die erste Klasse? War sie wirklich ganz normal?

Nein, ich mochte dieses Vergleichen nicht. Und doch fing ich schon damit an, noch bevor das Kind überhaupt in der Schule war.

Am 13. September begann er dann offiziell: der Ernst des Lebens. Die Schule ging los. Zusammen mit über 100 anderen Erstklässlern wurde unser Kind in der Grundschule um die Ecke eingeschult. Es war eine Grundschule mit einem ziemlich großen Einzugsgebiet. Die Zweitklässler sangen für die Erstklässler in der Turnhalle ein Lied mit zweifelhaftem Inhalt: »Alle Kinder lernen lesen, Indianer und Chinesen ...«

Es war laut.

Es war aufregend.

Nur ein Kind weinte: Greta.

Wenn Oma am Lamm ist – und kein Wort das andere ergibt

Vielleicht ist es das bayerische Schulsystem, vielleicht hatten meine Kinder auch besonders ambitionierte Erstklasslehrer, vielleicht hatten die Mütter im Kindergarten doch recht gehabt mit ihrer vorschulischen Leseförderung – auf jeden Fall war die Botschaft bei beiden Kindern: »Bis Weihnachten müssen die einigermaßen lesen können. Und deshalb müssen Sie üben, üben, üben. Jeden Tag mindestens 15 Minuten, besser mehr«, hieß es am ersten Elternabend.

Mit »Sie« war ich gemeint. Oder der Kindsvater. Oder die Omas und Opas. Da unsere Großeltern Hunderte von Kilometern entfernt lebten und der Kindsvater am anderen Ende der Stadt Vollzeit arbeitete, blieb nur ich übrig. Denn ich hatte meine Stunden in der Redaktion wegen der Kinder reduziert (der Kindsvater dementiert an dieser Stelle und behauptet, er habe auch sehr viel mit den Kindern gelesen, vor allem habe er sehr viel vorgelesen, was nur eins bedeuten kann: Unser Lesepensum muss sehr intensiv gewesen sein).

Letzteres war auch nötig, denn bis Weihnachten war nicht viel Zeit. Ich versuchte damals auch, mich daran zu erinnern, wann ich selbst lesen gelernt hatte. Ich glaube, ich konnte es erst irgendwann um Pfingsten – was aus bayerischer Sicht kein Wunder ist, denn in Bayern gelten Menschen, die in nördlichen Bundesländern zur Schule gegangen sind, gerne mal als arme Würstchen mit Spar-Abitur.

Als meine Töchter in die Grundschule gingen, gab es für Leseanfänger Arbeitsblätter und -bücher mit »Mimi, die Lesemaus«. Bis heute habe ich eine gewisse Hochachtung vor den Leuten, die sich die Erstklassmaterialien ausdenken. Ich meine, das muss man erst mal hinkriegen: Lesesätze kreieren, wenn man dafür nur das A, das I und eine Handvoll weiterer Laute zur Verfügung hat. Die Macher der Erstklasslesebücher schienen da allerdings völlig schmerzbefreit und dichteten Sätze von schlichter Schönheit: *Mimi malt lila Marias. Backmeister Bimbam backt braune Brezn. Oma ist am Lamm. Ali ist am Ast.*

Mal abgesehen davon, dass es mir oft schwerfiel, bei dieser Lektüre konzentriert zu bleiben und nicht nebenher die Spülmaschine auszuräumen oder wenigstens die Post durchzusehen, war ich immer froh, wenn die Kinder keine weiteren Fragen stellten. Ich wäre relativ ratlos gewesen, wenn sie gefragt hätten, was es bedeutet, dass Ali am Ast ist. Hat der Mann Selbstmordabsichten? Handelt es sich um einen Waldarbeiter mit Migrationshintergrund? Und warum ist Oma am Lamm? Zum Streicheln. Zum Kochen. Oder muss sie ihre Rente aufbessern und arbeitet stundenweise in der Frischfleischabteilung?

Fakt war: Wir übten. Und ich versuchte dabei möglichst wenig vorzusagen. Doch anscheinend war das nicht genug. Im Mitteilungsheft stand regelmäßig: *Greta liest die neuen Wörter zu stockend und zu ungenau und muss mehr üben.*

Und in den Schreibheften, die ich wegen der lustigen Verballhornungen jahrelang aufgehoben hatte, gab es neben dem »Furzelgemüse« Kommentare in roter Korrekturschrift: *Wurzelgemüse! Greta, übe den Unterschied zwischen dem weichen W und dem scharfen F.* Oder: *Bitte die Merkwörter noch mal ordentlich abschreiben.* Oder: *Greta, gib Acht beim G: Das Schwänzchen muss nach unten in den Keller.*

Echt Comedy: Die ersten Schreibhefte!

Die ersten Schreibhefte sorgen zuverlässig für Aufheiterung, wenn man als Mutter oder Vater gerade mal wieder vom Schulfrust gebeutelt wird. Vor allem die ersten Aufsatzhefte werden Jahre später zu einem wunderbaren Zeitdokument und erzählen ungeschminkt von allem, was beim Familientisch – oder auch jenseits davon – so zur Sprache kam.

Das »Furzelgemüse« ist bis heute eines meiner Highlights. Ein anderes war die Geschichte vom »Penisschlitten«. So schrieb Greta in einer ihrer ersten Geschichten Folgendes:

> *Am Wochnende waren wir bei Bea und Peter auf dem Bauanhof. Es war Schneeh. Unt wir furn mit dem Penisschlitten den berk runter. Das hat viel Schpaaz gemacht ...*

Die Lehrerin hatte alle orthografischen Fehler angestrichen. Den »Penisschlitten« hatte sie rot unterkringelt und dahinter zwei dicke Fragezeichen gemacht. Und ein Ausrufezeichen. Was das alles zu bedeuten hatte?

Es handelte sich um den Versuch einer Siebenjährigen, ein politisch korrektes Schriftstück abzuliefern. Unser Freund Peter hatte nämlich beim Schlittenfahren unterschieden zwischen richtigen

Kufenschlitten aus Holz und billigen Plastikrutschern. Weil Letztere in der Mitte eine Festhaltevorrichtung hatten, die in gewisser Weise an – ja, genau! – erinnerte, nannte er sie »Pimmelschlitten«. Aber unser Kind befand, dass ein vulgäres Wort wie »Pimmel« in so einem hochoffiziellen Aufsatzdokument nichts zu suchen hatte. Und so wurde aus dem »Pimmelschlitten« der »Penisschlitten«.

Damals war ich einigermaßen erleichtert, dass die Lehrerin nur zwei Fragezeichen und ein Ausrufezeichen gemacht hatte. Und mich nicht gleich zum Gespräch bat. Oder das Jugendamt vorbeischickte. Und ich war auch froh, dass wir damals keinen Opa hatten, der im Garten Marihuana anpflanzte. Das ist nämlich auch ein sehr schönes Aufsatzthema, wie eine Freundin feststellen musste. Anders als ich, bekam sie dann allerdings einen unangenehmen Anruf.

Doch, Greta gab sich Mühe. Mit den furzeligen Merkwörtern und mit dem G. Auch mit dem A und dem B und dem C. »Ja«, sagte die Lehrerin, »das glaube ich Ihnen sofort, sie will alles richtig machen, das merke ich. Aber ich muss von Anfang an streng sein. Die Kinder müssen lernen, sich an die Regeln zu halten. Sonst schaffen wir den Stoff nicht.«

Irgendwie konnte ich sie verstehen: Sie hatte 26 Kinder, ein wilder, lauter Hühnerhaufen, viele Kinder mit Migrationshintergrund, also mit Eltern, deren Muttersprache nicht Deutsch war und die nicht einfach helfen konnten, wenn es um Wie- und Tunwörter ging. Auf der anderen Seite: Diese Strenge und dieses Gewusel war ein krasser Bruch zur behüteten Kindergartenzeit, starker Tobak für zartbesaitete Kinder, die wie Greta in der Schule gerne mal in Tränen ausbrachen. Und für ihre Mütter, die dann einfach nicht anders konnten, als sich schützend vor sie zu werfen.

Wegen der Tränen. Und wegen anfliegender Kugeln.

So erzählte mir eine Freundin, deren Sohn letztes Jahr im Baden-Württembergischen eingeschult worden war, er hätte nicht nur nach drei Monaten keine Lust mehr auf Schule, sondern auch jeden Morgen Angst vorm Hausaufgabensheriff.

»Hausaufgabensheriff?«

Ja, das sei ein Blatt, von dem jedes Mal eine Ecke abgeschnitten werde, wenn man die Hausaufgaben vergessen oder nicht vorschriftsmäßig gemacht habe. Und wenn alle Ecken weg seien, werde es – schnippschnapp – in der Mitte durchgeschnitten. »Und dann wird scharf geschossen?«, fragte ich. »Nee, man muss nachsitzen ...«

Muss das sein? In der ersten Klasse? Im 21. Jahrhundert? Das fragt sich da die Mutter. Und bleibt ziemlich allein mit dem Problem, wie man so einen Eckensheriff zur Räson bringen kann und das Kind am nächsten Tag in die Schule.

Nachtrag:
Wenn dieses Buch erscheint, wird der Eckensheriff meiner baden-württembergischen Freundin Geschichte sein. Kürzlich erzählte sie mir, die Eltern hätten sich so aufgeregt über den pädagogischen Fiesling, dass die Lehrerin ihn aus dem Verkehr gezogen hat. Manchmal hilft Protest eben doch!

Ihr Kind ist überfordert. Gehen Sie doch mal zum Schulpsychologen

Irgendwann waren wir im zweiten Halbjahr der zweiten Klasse angekommen. Und ja, das »Wir« habe ich jetzt mit Absicht hingeschrieben. Denn nicht nur Greta war in der zweiten Klasse, auch ich hatte meinen Hilfslehrerinnenauftrag zu diesem Zeitpunkt bereits so verinnerlicht, dass ich jeden Tag nach der

Arbeit mit meinem Kind übte und die Hausaufgaben kontrollierte.

Greta war nicht mal zwei Jahre in der Schule, aber von der Motivation und Begeisterung, mit der sie mal den Schulranzen und das Federmäppchen ausgesucht hatte, war nicht mehr so richtig viel zu spüren. Stattdessen waren da Verunsicherung und Angst. Immerhin – mit dem Lesen und Schreiben klappte es inzwischen einigermaßen: »Ihre Tochter ist überall, na ja, sagen wir mal Durchschnitt«, sagte die Lehrerin im Elterngespräch. »In Mathe habe ich allerdings manchmal das Gefühl, sie weiß gar nicht, wovon ich spreche.«

Zwar kriegten die Kinder damals bis zum Zwischenzeugnis der zweiten Klasse noch keine Noten, aber so viel verstand ich: »Na ja, sagen wir mal Durchschnitt« war höchstens eine Drei. Eigentlich nicht schlecht, aber eine Drei in den drei Hauptfächern bedeutet im bayerischen Schulsystem: Hauptschule. Und Hauptschule – fand ich damals – ging gar nicht. Schließlich kriegten Hauptschüler später keine ordentlichen Jobs. Sie sagten ständig »Ey, Alter« und konnten nicht richtig Deutsch. Und überhaupt: Lungerten die nicht schon mit 14 kiffend und ganzkörpertätowiert in irgendwelchen Ecken rum …?

Oh ja, ich hatte Vorurteile!

»Jetzt hör mal auf mit deiner Panikmacherei. Und gib unserem Kind ein bisschen Zeit. Lass sie mal in Ruhe«, sagte der Mann, »das wird schon noch. Die ist doch schlau.« »Ja«, sagte ich, »sie ist schlau. Aber sie passt offenbar nicht in dieses Schulsystem.« Dann stritten wir uns ein bisschen, und ich war darüber unglücklich.

Ich wusste, dass der Mann nicht unrecht hatte. Aber Greta war erst in der zweiten Klasse, und irgendwie lief es nicht rund. Sie weinte viel. Sie schlief schlecht. Und ich war mir ziemlich sicher: Die in der Schule warteten nicht auf unser Kind.

»Vielleicht«, dachte ich, »wäre es besser gewesen, sie ein Jahr später einzuschulen. Schließlich war sie im Juli geboren und verglichen mit den meisten anderen noch ziemlich jung.« Aber das ließ sich jetzt nicht mehr rückgängig machen. Und so saßen wir am nächsten Tag wieder da und übten das mit den Minusaufgaben:

»Wenn ich für deinen Geburtstag eine Schachtel mit zwölf Mohrenköpfen kaufe, du lädst sechs Kinder und deine Schwester Ida ein. Und dann isst jeder einen Mohrenkopf und du zwei – weil du Geburtstag hast. Wie viele sind dann noch in der Schachtel?«

»Null«, sagte das Kind. »Wieso null?« »Weil Ida es nicht abwarten kann und schon vorher die halbe Schachtel leer macht. Und außerdem darf man nicht ›Mohrenkopf‹ sagen. Das ist beleidigend für die Leute in Afrika, sagt unsere Lehrerin. Es heißt Schaumkuss.« Schlau, dachte ich, aber mathematisch zweifelhaft. Und dann schämte ich mich ein bisschen für meine unbedachte Wortwahl.

Ich besorgte mir einen Abakus. Und einen LÜK-Kasten. Wir schoben Kügelchen hin und her. Und Plättchen. So richtig viel nützte das nicht.

»Sie hat Probleme mit dem Zehnerübergang. Und sie rechnet immer noch mit den Fingern. Das sollte sie jetzt nicht mehr«, sagte die Lehrerin. Und eine Freundin, der ich davon erzählte, meinte, dass es sich möglicherweise um eine leichte Form von Dyskalkulie handeln könnte. »Dyskalku... was?« »Rechenschwäche. So was wie Legasthenie – nur mit Zahlen. Kann man testen. Und je früher man das behandelt, umso besser.«

Wundersamerweise war das »Mathematische Institut zur Behandlung der Rechenschwäche« gar nicht weit von uns weg. Komisch, dass es mir nie aufgefallen war. Wir machten einen Termin. Die Frau, die Greta testete, war sehr warmherzig und sehr nett. Unser Kind gab sein Bestes. Und schon kurz darauf kriegten wir das Ergebnis: »Greta«, sagte die nette Frau, »du kannst das schon ziemlich gut. Und du hast garantiert keine Dyskalkulie.« Greta strahlte.

Doch in der nächsten Woche konnte sie wieder nicht einschlafen. Und weinte. »Vielleicht ist sie irgendwie anders überfordert. Gehen Sie doch mal zum Schulpsychologen«, sagte eine von Gretas Lehrerinnen bei einem Tür- und Angelgespräch und schob mir Namen und Telefonnummer rüber. Ich machte einen Termin. Und die Schulpsychologin sagte zwei Wochen später: »Am besten ist, Sie lassen sie testen.« »Wie, kann man noch mehr testen?«, fragte ich. »Na, Sie machen einen Intelligenztest. Dann wissen wir, ob sie was hat …« Wie klang denn das: »Ob sie was hat …«? Was sollte sie denn haben?

Das Wort »Intelligenztest« hatte für mich etwas Bedrohliches: Ich stellte mir vor, dass am Ende Zahlen und Werte stehen würden, die mein Kind ein für alle Mal als schlau, durchschnittlich, nicht so schlau abstempeln würden. Anders ausgedrückt: Gymnasium, Realschule, Hauptschule, Förderschule. Schublade zu.

Ich war mir nicht sicher, ob ich das wissen wollte. Bis zur Einschulung hatte mir mein Mutterbauchgefühl gesagt: Du hast ein ganz wunderbares, liebenswürdiges, normal begabtes Kind. Ein Kind, das vielleicht nicht superduper gut ist im Malen und die Straßenseite wechselt, wenn ein Hund kommt – aber dafür empathisch, hilfsbereit und zuverlässig. Ein Kind, das originelle Ideen hat, sich reinhängt und mit Ausdauer dabeibleibt. Ein Kind, das sprachlich und sozial fit ist, neugierig, aber auch sehr ängstlich und harmoniebedürftig.

Trotzdem machten wir den Test.

Zur Durchführung musste Greta zwei Tage lang in eine Schulberatungsstelle gehen, zu Frau T. Ich erinnere mich, dass es irgendwann im März war und dass Greta auch davor Angst hatte. Wohl um die Situation zu entschärfen, schlug sie vor, wir sollten Frau T. was mitbringen – ein selbst gebackenes Osterlamm zum Beispiel. »Na gut, kann ja nicht schaden«, dachte ich.

Doch leider bleiben IQ-Tests von Osterlämmern völlig unbeeindruckt. Als das Ergebnis kam, sagte Frau T. mit bedeutungsschwangerem Blick: »Hmhmhm, so was habe ich ja noch nie gehabt. Sehr große Schwankungsbreite bei den Testergebnissen. Schwer zu interpretieren ...« In manchen Bereichen sei unser Kind überdurchschnittlich, in anderen deutlich hinter dem zurück, was sie eigentlich in ihrem Alter können müsste – und dann zeigte Frau T. mir Zahlen und Skalen, die mir wenig sagten.

Sie wisse jetzt gar nicht so richtig, was sie uns eigentlich raten solle ... Das hatte ich befürchtet. Dann schlug sie eine Ergotherapie vor – mit Überkreuzübungen in Form einer liegenden Acht. Das fördere die Zusammenarbeit der beiden Gehirnhälften. Aber wir müssten schnell sein. Greta sei ja immerhin schon sieben. Und das Fenster schließe sich da bald.

Sie würde, sagte Frau T., uns auf jeden Fall auch eine weitere Abklärung empfehlen. Natürlich sei es für längerfristige Prognosen zu früh, aber eines könne sie mit ziemlicher Sicherheit sagen: Aufs Gymnasium werde es Greta in zwei Jahren wohl nicht schaffen. »Dann doch sicher auf die Realschule?«, fragte ich reflexhaft nach, und Frau T. antwortete zögernd: »Mit viel Unterstützung könnte das klappen – ja, vielleicht.«

Im Diagnosedschungel

An diese Schulprognose, damals im Frühling 2008, erinnere ich mich noch wie heute. Auch an das Gefühl tiefer Verunsicherung und Verzweiflung, das mich damals überwältigte. Zur Besprechung der Testergebnisse war ich an diesem Tag allein zur Beratungsstelle gegangen, weil der Mann berufliche Termine in Chemnitz hatte – und ich weiß noch, wie ich ihn damals anrief und ins Telefon heulte: »Diese Frau T. hat gesagt, in einem Testbereich ist sie auf dem Stand eines Vorschulkindes. Und wir sollen das möglichst schnell weiter abklären lassen. Was machen wir denn jetzt bloß?«

Der Mann am anderen Ende der Leitung schwieg. Dann sagte er: »Das glaube ich nicht. Sie ist doch völlig normal.« »Aber wir haben es doch jetzt schwarz auf weiß«, schluchzte ich weiter. »Intelligenztests haben auch nicht immer recht«, sagte der Mann, und ich bewunderte ihn für sein unerschütterliches Vertrauen in unser Kind.

Heute sagt er, so unerschütterlich sei sein Vertrauen nun auch nicht gewesen. Wenn er ehrlich sei, dann habe er sich in den Wochen und Monaten nach dem Testergebnis von der Schulpsychologin oft dabei ertappt, wie er Greta heimlich im Alltag beobachtet und sich gefragt habe: Müsste sie das nicht eigentlich schon besser können? Warum traute sie sich nicht allein zum Bäcker zu gehen, obwohl der nur 50 Meter entfernt war? Und warum zeichnete sie die Menschen immer noch mit diesen verschobenen Proportionen, diesen kastigen Körpern und diesen dunklen Farben – während die Kinder der Nachbarn im gleichen Alter bunte und ausstellungsreife Papageien und Schmetterlinge produzierten, die ihre Eltern im Gästeklo aufhängten?

Ich konnte der Diagnose der Schulpsychologin nur auf eine Weise begegnen: mit Aktionismus.

Abklärung, hatte Frau T. gesagt, die Ergebnisse müssten weiter abgeklärt werden. Und ich geriet unter enormen Stress: Ich dachte an das Entwicklungsfenster, das sich bald schließen würde, und dass es dann womöglich für manches zu spät sein könnte. Ich bekniete eine renommierte Neurologin, die Wartezeiten von einem halben Jahr hatte, uns vorzuziehen – und ich machte einen Termin in einem Kinderzentrum, wo Fachleute verschiedener Disziplinen zusammenarbeiten.

Heute und wenn ich das hier aufschreibe, finde ich diesen Aktionismus übertrieben, denn wir gerieten in eine Art Diagnosespirale, und das verwirrte uns alle nur noch mehr. Doch damals konnte ich nicht anders, ich wollte nichts übersehen, was man jetzt vielleicht noch behandeln konnte – und ich hoffte auf Erlösung. Hoffte, dass einer der Ärzte sagen würde: »Nein, da ist nichts. Geben sie ihr Zeit, das wird schon.«

Die Leute, die Greta anschauten, blieben jedoch unkonkret. Manche fanden bei ihren Tests neue Ungereimtheiten: Warum konnte Greta das Fingerspiel nicht korrekt nachmachen, das man ihr vormachte? Warum schaffte sie beim »Kofferpacken« nur sechs Begriffe? Warum fing sie an zu weinen, wenn man ihr ein Blatt mit leichten Aufgaben vorlegte, bei denen sie Muster erkennen und weitermalen sollte? Oder wenn sie Äpfel und Birnen, Hammer und Zange zu Oberbegriffen wie Obst und Werkzeug sortieren musste?

Andere wiederum sagten: »Also im Moment kann ich nichts finden, was auf eine Teilleistungsstörung hinweist. Vielleicht kommen Sie in einem halben Jahr noch mal«. Doch was wir jetzt tun konnten, damit es in der Schule besser lief, wussten sie auch nicht so richtig.

Bei irgendeinem dieser Termine erzählte ich dann auch von Gretas Angst bei Gewitter, vor Hunden, beim Einschlafen und wenn sie Brötchen vom Bäcker nebenan holen sollte. »Ja«, sagte die Ärztin, »Angst ist ein starkes Gefühl, und Angst kann auch machen, dass Intelligenztests falsch ausfallen. Haben Sie schon mal über eine Spieltherapie nachgedacht? Oder: Vielleicht braucht Ihre Tochter auch einfach eine andere Schule, keine mit 600 Kindern – eher was Kleines, Kuscheliges.«

Eine andere Schule! Stimmt, das hatte auch Frau T. aus der Beratungsstelle vorgeschlagen, nachdem ich ihr erzählt hatte, dass unsere Grundschule sehr riesig war. Aber ihre Intelligenz-Test-Hiobsbotschaft hatte mich dann so aufgewühlt, dass mich der Vorschlag mit der anderen Schule irgendwie nicht mehr richtig erreicht hatte.

Jetzt fiel es mir jedoch wieder ein: Sie hatte uns eine Schule für körperbehinderte Kinder empfohlen. Dorthin könnten auch Kinder ohne körperliche Handicaps gehen. Die Klassen seien klein, man nehme Rücksicht auf individuelle Bedürfnisse und alles ginge etwas langsamer vonstatten.

Tatsächlich schauten wir uns kurz darauf die Schule an. In den Gängen und auf dem Schulhof sah ich viele schwer kranke Kinder – in Rollstühlen und mit Schutzhelmen als Prophylaxe für Krampfanfälle. Ihre Schicksale machten mich betroffen, auch demütig – und ich wusste: Es würde nicht ganz leicht werden, der ängstlichen Greta zu erklären, mit welchen gesundheitlichen Problemen die Kinder dort genau zu kämpfen hatten. Und warum sie, die sie ja selbst keine dieser sichtbaren Einschränkungen hatte, vielleicht auf diese Schule gehen sollte.

Dafür erzählten wir nun der netten Schulleiterin unsere Geschichte. Als wir fertig waren, schaute sie uns gerade in die Augen und ihr Blick sagte: Ich bin nicht sicher, ob Sie hier richtig sind. Vielleicht hatte sie recht – doch ich spürte, die Spur war trotzdem nicht falsch: Gretas jetzige Grundschule tat ihr nicht gut – und wir mussten eine andere Schule suchen.

Es war nicht einfach, aber mit der Hilfe von Freunden hatten wir am Ende Erfolg. Wir fanden eine Grundschule mit Montessori-

Ansatz, und ich schämte mich ein bisschen: Hatte ich mich nicht gerade über die Kindergartenmütter erhoben und über ihre Frage: »Geht ihr normal oder macht ihr was Privates?«

Asche auf mein Haupt!

Die neue Schule war klein, einzügig nur. Sie hatte einen Schulbus, der unser Kind abholen und heimbringen konnte. Und eine Schulleitung, die uns zwar nicht sofort einen Platz anbieten konnte, aber durchaus Hoffnungen für die nahe Zukunft machte. Als Greta in die dritte Klasse kam, war es so weit.

Die Reaktion unserer alten Grundschule auf unsere Abmeldung war großartig. Niemand war beleidigt. Die Klassenlehrerin wünschte Greta von Herzen alles Gute, und die Schule machte es sogar möglich, dass Greta weiterhin in den angegliederten Hort gehen durfte – sodass sie den Kontakt zu ihren bisherigen Schulfreundinnen pflegen konnte und ich keinen Stress wegen der Betreuung hatte. Denn auch in Grundschulen mit Montessori-Ansatz war damals gerne mal um zwölf Uhr Schluss. Und berufstätige Eltern kriegten dann die Krise.

In den großen Ferien kam ein handgeschriebener Brief von den neuen Klassenkameraden:

Liebe Greta, wir freuen uns auf dich und darauf,
dass du in unsere Klasse kommst. In der letzten Ferienwoche
machen wir eine Wanderung an der Isar. Wir treffen uns
unten am Biergarten. Und jeder bringt was zu essen mit.
Komm doch auch. Und bring deine Mama und deinen Papa mit.
Dann können wir uns kennenlernen.
Deine Drachenklasse.

Von da an ging es bergauf.

Unser Montessori-Biotop: Hilf mir, es selbst zu tun!

Die dritte Klasse und auch die erste Hälfte der vierten Klasse in der Montessorischule waren für Greta wie eine Art Erholungsurlaub. Und für uns Eltern auch. Ida war noch im Kindergarten. Und Greta brauchte keine vier Wochen, um in »der Monte« – so nannte sie ihre neue Schule – anzukommen.

Das lag vor allem daran, dass die Kinder sich rührend um sie kümmerten und es ihr wirklich leicht machten, ein Teil der Klassengemeinschaft zu werden. Es lag aber auch daran, dass es erst mal keine Noten gab und damit weniger Druck. In der Monte ging man davon aus, dass Kinder sich in den verschiedenen Bereichen auch verschieden schnell entwickeln, und das war ein großer Unterschied zur »normalen« Grundschule.

Denn dort gibt es einen erbarmungslosen Zwang zur Gleichmacherei. Das bestätigt auch meine Freundin Mona, die Lehrerin an einer staatlichen Grundschule ist. Jedes Mal, wenn sie eine neue erste Klasse kriege, sei sie völlig platt: »Die sind alle ungefähr gleich alt, aber liegen in ihrer Entwicklung manchmal zwei Jahre auseinander: Es gibt Kinder, die können schon schreiben, und andere können nicht allein aufs Klo, weil sie feinmotorisch noch nicht so weit sind, dass sie den Knopf an ihrer Hose auf- und zukriegen. Und dann schreiben die acht Wochen später alle die gleiche Lernzielkontrolle und sollen zum gleichen Zeitpunkt das Gleiche können. Geht ja gar nicht!«

An der Montessorischule gab es Wochenpläne, die Greta in ihrem eigenen Tempo abarbeitete. Am liebsten mochte sie dabei die Fezer-Hefte, kleine karierte Übungshefte mit schwarzweißen Etiketten. Sie sahen aus wie in meiner Schulzeit und machten Mathe auf eine schöne altmodische Weise übersichtlich: Erst übte Greta mit Heft Nummer 10 den Zahlenraum bis

1000. Dann kam Heft Nummer 13: Zeiten, Gewichte, Hohlmaße. Danach Heft Nummer 15: die Sache mit dem Maßstab. Um ihren Wochenplan einzuhalten, setzte sie sich zu Hause freiwillig hin – und legte ein Heft nach dem anderen auf den Stapel: Kann ich! Das nächste bitte. So ließen sich statt der Niederlagen die Erfolge zählen.

Die Schule hatte schon damals einen Inklusionsansatz, und es gab einige Kinder mit Einschränkungen. In der Parallelklasse war zum Beispiel ein Junge mit Downsyndrom. Außerdem gab es mehrere Zivis, die sich um diese Kinder kümmerten – die aber auch die anderen unterstützten. Vor allen Dingen beim Quatschmachen. Einer der Zivis war ziemlich oft krank, weshalb ihm die Kinder zum Abschied viel Vitamin C und einen selbst gestrickten Wollschal schenkten. Ob das seiner Gesundheit zuträglich war, ist nicht überliefert.

Außerdem war Gretas Klasse altersgemischt: In der dritten Klasse lernte sie zusammen mit zehn Kindern aus der Vierten. Und als sie selbst in der Vierten war, kamen zehn Kinder aus der Ersten dazu. Denen konnte sie dann als große Viertklässlerin zeigen, wie das ging mit dem Zehnerübergang und den Buchstaben. Und damit das auch pädagogisch Hand und Fuß hatte, gab es für manche Stunden zwei Lehrer in der Klasse.

Ganz wichtig in der Monte war die Freiarbeit: Die Kinder durften sich in diesen Stunden aussuchen, welchen Stoff vom Wochenplan sie gerne machen wollten. Und auch wo: Sie konnten auf dem Fußboden liegen. Oder auch rausgehen und auf dem Flur arbeiten – zum Beispiel mit einem anderen Kind, das schon wusste, wie das mit der Satzglied-Bestimmung genau funktionierte. Dazu gab es jede Menge Materialien: Perlen als Rechenhilfe, Wortarten-Schablonen, die mit Farben und Formen dabei halfen, ein Adjektiv von einem Substantiv zu unterscheiden. Das war kein abstraktes Lernen. Sondern Lernen durch Anfassen und Anschauen.

Wenn ich an die Montessorijahre denke, dann erinnere ich mich auch an den Schulbus, der morgens um sieben vorne an der Straße hielt, und Greta sagt heute, sie sei stolz gewesen, dass sie immer als Erste einstieg. Denn als Erste durfte man vorne sitzen und die Musik im Radio aussuchen.

Und ich erinnere mich an ein abgerocktes Schulhaus mit fragwürdigen sanitären Anlagen und einen lustig verwilderten Schulgarten. Mehrmals im Jahr rückten wir Eltern an, um alles auf Vordermann zu bringen. Denn ja, Elternarbeit und Kümmern wurde auch bei Maria Montessori großgeschrieben – allerdings ging es dabei weniger um Hilfslehrerdienste, sondern mehr ums Aufräumen, Feste vorbereiten und Renovieren. Dabei hieß es ständig: Bitte keinen Nagel in die Wand hauen, wahrscheinlich kommt da gleich Asbest raus. Unser Kind wuchs und gedieh trotzdem.

Ich weiß nicht, ob Greta in der Montessorischule besser rechnen und besser schreiben gelernt hat, als sie es in der Grundschule um die Ecke getan hätte. Was ich aber genau weiß, ist, dass sie besser leben lernte. Und ich konnte sehen, wie sie mit jedem Monat selbstbewusster und weniger ängstlich wurde. Wenn ich an die dritte Klasse denke, dann sehe ich immer eine Achtjährige vor mir mit blonden Zöpfen und karierten Röckchen, die irgendwie auf allen Fotos viel zu kurz sind. Denn Greta wurde in dieser Zeit sehr schnell sehr groß.

Und am Ende der dritten Klasse hatte sie keine Angst mehr vor Hunden. Und auch nicht vor Gewitter. Sie war plötzlich viel mutiger, begann, bei Freundinnen zu übernachten, was vorher nie möglich gewesen war. Mehrmals hatten wir von den Müttern der Freundinnen zu nachtschlafender Zeit einen Anruf bekommen: »Sie hat solches Heimweh. Ich kann sie nicht beruhigen. Könnt ihr kommen und sie abholen?« Wir waren dann mitten in der Nacht durch die Stadt gefahren, um unser Kind einzusammeln, das seinerseits untröstlich war, weil es einmal mehr nicht geschafft hatte, »groß« zu sein und ohne Mama und Papa auswärts zu schlafen.

Jetzt, in der Montessorischule, fuhr sie sogar mit der U-Bahn durch die Stadt, denn auch das wurde in der Schule geübt: Wie lerne ich einen abstrakten U-Bahn-Plan so lesen, dass ich da ankomme, wo ich hinwill? Was mache ich, wenn ich nicht da ankomme, wo ich hinwill? Und wie halte ich mir Leute vom Leib, die mir unheimlich sind? Und Greta wäre nicht Greta gewesen, wenn sie nicht gerade Letzteres besonders ernst genommen hätte.

Einmal erzählte sie, sie habe das U-Bahn-Abteil gewechselt, weil sich ein komischer Mann zu ihr gesetzt habe. »Aha«, fragte ich, »und warum war der komisch?« »Er hat ›Guten Morgen‹ gesagt.«

Gretas Lernfortschritte wurden im »Pensenbuch« festgehalten, und am Jahresende gab es einen langen Brief in Schreibschrift von der Schule. In diesem Brief stand nicht nur, dass Greta die Lernziele des dritten Schuljahrs erreicht habe, sondern auch, dass es sehr beeindruckend sei, wie unser Kind bei der Klassenfahrt sein Heimweh überwunden habe. Dass sie nur wenige Fehler in den Nachschriften mache. Und dass sie die Sachaufgaben in Mathe mit zunehmender Übung noch sicherer werde lösen können:

> *Nur Mut, Greta! Es gibt für Mathematik noch viele Materialien im Regal zu entdecken. Und es freut mich sehr, dass du dich nicht entmutigen lässt, wenn du die Aufgaben nicht alle immer sofort lösen kannst. Besonders gefreut habe ich mich über deine Begeisterung, in den Fezer-Heften zu arbeiten, und du bist auch schon sehr weit. Bravo!*

Ich habe keine Ahnung, was Gretas Gehirnhälften dazu sagten – aber mein Gefühl ist, dass diese Art des Lernens und der

Motivation besser für sie war als jede Ergotherapie. Für mich war es damals schön, das zu sehen. Und auch eine interessante Entwicklungsphase für mich selbst. Denn so entspannend es war, nicht ständig mit Tests und Prüfungen konfrontiert zu werden, ich musste auch daran arbeiten, fast ganz ohne Noten zurechtzukommen und darauf zu vertrauen, dass mein Kind schon alles lernte, was es lernen musste.

Greta wurde in der Montessorischule weniger mit anderen, sondern vor allem mit sich selbst verglichen. Ich fand das sehr ungewohnt, fast irritierend. Verrückt, wie stark ich in den paar Jahren Regelschule das Einordnen, Antreiben und Vergleichen von Leistung schon verinnerlicht hatte. Oder war das gar nicht die Regelschule meiner Kinder, sondern mein eigener innerer Lebensfahrplan?

Gerne hätte ich ein Fezer-Heft zum Üben gehabt. Fezer-Heft 99: »Für Hilfslehrerinnen, die nicht lockerlassen können. Wie man lernt, seinem Kind zu vertrauen. Und sich selbst.« Aber Fezer-Heft 99 gab es nicht. Stattdessen wusste ich: Nach der vierten Klasse würde dieses wunderbare Schulrefugium vorbei sein. Und es war unklar, was danach kommen würde.

Mit dem Zweiten lernt man besser? Ich nicht!

2009 kam unsere jüngere Tochter, Ida, in die erste Klasse. Wir hatten uns für die Regelschule entschieden. Warum wir sie da hinschickten, nachdem es bei Greta schon einmal nicht gerade gut gelaufen war? Weil Ida ein anderes Kind war – viel weniger ängstlich. Weil Gretas private Montessorischule zusammen mit dem Grundschulhort einen mittleren dreistelligen Betrag im Monat kostete. Vor allem aber auch, weil wir wussten, dass es nach der Grundschule schwer sein würde, von der Montessorischule zurück ins Regelschulsystem zu kommen. (Dazu später mehr.)

Allerdings hatte ich auch bei Ida mit der Einschulung gezögert, denn sie war wie Greta im Sommer geboren – und damit nah am Stichtag. Außerdem war sie ein Frühchen gewesen: eine Handvoll Leben mit gerade mal 2000 Gramm. Kein Fall für die Intensivmedizin, aber doch klein genug, um am Anfang ihres Lebens ein paar Probleme zu haben: Sie konnte auf einem Ohr nicht hören, trank schlecht und brauchte 13 Monate, um krabbeln zu lernen. Erst spät merkten wir, dass sie – typisch Frühchen – auch schlecht sah: Mit vier bekam sie eine Brille – und die hatte gleich fünf Dioptrien.

Doch hätte ich Ida von der Schule zurückstellen lassen wollen, wäre das mit einigem Aufwand verbunden gewesen. Ein Arzt hätte eine Entwicklungsverzögerung oder ein gravierenderes gesundheitliches Problem attestieren müssen. Das gab es nicht, denn Ida hatte sich nach ihrem holprigen Start super entwickelt. Wir hätten ihr natürlich irgendwelche Probleme andichten können. Aber das wollten wir nicht. Außerdem war Ida im Kindergarten mit Begeisterung im »Sechser-Club«, so hießen die Großen in der Vorschulgruppe. Sie wollte unbedingt mit den anderen zur Schule. Und auch die Erzieherinnen sagten: »Die braucht Futter, hier ist sie unterfordert, wenn sie noch ein Jahr bleibt.«

So kam es, dass ich im September 2009 ein drittes Mal eingeschult wurde. Doch inzwischen wusste ich ja schon, was so eine Hilfslehrerin zu tun hat. »Die Kinder müssen bis Weihnachten einigermaßen lesen können«, hieß es am ersten Elternabend – und, ach ja, dafür müssten wir üben, üben, üben …

Es gab Kärtchen, auf denen man täglich unterzeichnen sollte, wenn die Leseübung ordnungsgemäß erledigt worden war. Und es gab ein Wiedersehen: Mit Lesemaus Mimi und Backmeister

Bimbam und der armen Oma, die immer noch am Lamm war. Ida hatte überhaupt keine Lust auf die ganze Lesebuch-Bagage. Und ich fand die sinnfreien Geschichten auch nicht spannender als drei Jahre zuvor. Im Gegenteil: Ich war noch ungeduldiger als beim ersten Mal.

Irgendwann kaufte ich Erst- und Zweitklasslesebücher, in denen leichte Wörter geschrieben und schwere gezeichnet waren. Und weil Ida Pferde mochte, schauten wir uns ausdauernd die Zeichnungen vom Reitlehrer, vom Pferdestall und vom Sicherheitsgatter an. Aber die Buchstaben dazwischen – die fand Ida doof. Sie war hibbelig, zappelte herum. Hatte Hunger. Hatte Durst.

»Und Mama, wenn der Reitlehrer das Sicherheitsgatter nicht richtig zumacht, dann hauen ja die Pferde alle ab?«

»Wahrscheinlich ja, aber guck mal, was steht da hinter dem Sicherheitsgatter. Und dem Reitlehrer?«

»Das Pferd?«

»Nein, lies mal die Wörter! Lies mal: Der Reitlehrer m-u-s-s d-a-s Sicherheitsgatter z-u-m-a-c-h-e-n.

Beim ersten Elterngespräch, Ida war gerade mal vier Monate in der Schule, sagte die Lehrkraft: »Sie kann sich sehr schlecht konzentrieren. Sie hört nicht richtig zu. Wenn Sie die auf die Realschule bringen wollen – das wird ein ziemliches Stück Arbeit.«

Damals war ich kurz davor loszuheulen – oder zu explodieren: Bitte, nicht noch ein Kind, das schon in der Grundschule ständig Unterstützung brauchte. Mit dem ich nach der Arbeit dasitzen musste, um etwas zu tun, was ich niemals tun wollte – schon gar nicht in der Grundschule. Ich war sauer! Auf diesen Satz mit der Realschule. Und darauf, dass mein Gegenüber ihn so ungerührt ausgesprochen hatte – ohne zu ahnen, was er bei mir auslöste. Denn mit diesem Satz wurde mir auch klar: Unsere zweite Tochter passte wahrscheinlich noch schlechter ins Schulsystem als unsere erste.

Obwohl – oder vielleicht gerade weil sie immer ein kleines, zartes Persönchen war, war sie durchsetzungsstark und impulsiv, im Kindergarten war sie ein paarmal in Raufereien verwickelt gewesen. Sie konnte mit drei Rad fahren, mit vier schwimmen, aber schon immer schlecht still sitzen. Und sie war eine Rampensau. Bei Festen übernahm sie die Orga und machte die Ansagen: »Meine sehr verehrten Damen und Herren, herzlich willkommen im schuleigenen Flohzirkus Brimborium ... Sie sehen hier unsere beiden Starflöhe Lupus und Pupus am Trapez.«

An dieser Stelle rollte Ida wild mit den Augen und gab die Richtung vor für den bevorstehenden Salto mortale. Trommelwirbel, noch mehr Augenrollen. »Und jetzt sagen Sie nicht, Sie haben es nicht gesehen ...«

Ja, sie hatte schräge Ideen, konnte gut malen, liebte alles, was mit Tanzen und mit Tieren zu tun hatte. Am Ende der ersten Klasse dachte sie sich tolle Geschichten aus und versuchte sie auch aufzuschreiben. *Super Story, aber achte darauf, die Merkwörter richtig zu schreiben,* stand dann da drunter. Und daneben war sogar noch ein kleiner Smiley-Stempel.

»Doofe Merkwörter! Ich schreib keine Geschichte mehr«, sagte Ida wütend, knallte das Heft in die Ecke und schmiss den Stift hinterher. »Das Kind hat null Frustrationstoleranz«, dachte ich. Und ich wusste: So würde sie in der zweiten Klasse nie ihren Füllerführerschein kriegen. Und auch sonst nicht so richtig zum Ziel kommen. War das vielleicht ADHS?

»Sollen wir sie testen lassen«, fragte der Mann.

»Und dann«, sagte ich, »nimmt sie Pillen, Psychopharmaka? Neinneinnein, ich will keine Tests mehr!«

»Hm«, machte der Mann, »vielleicht doch Monte oder Waldorfschule?«

»Ich glaube, da passt Ida nicht hin«, sagte ich. »Für die Monte ist sie zu aufgedreht, sie braucht mehr Struktur. Und Waldorfschule? Nee! Bei mir helfen ja noch nicht mal Globuli. Wir sind keine Anthroposophen. Und außerdem kostet die Schule für uns mindestens 500 Euro, ist weit weg, hat keine richtige Nachmittagsbetreuung. Und die sind bis zur Oberkante voll. Ich mag nicht schon wieder um einen Schulplatz betteln.«

Also übten wir weiter: Am Wochenende übte der Mann mit Ida den Stoff für die erste Klasse. Und ich mit Greta den für die vierte. Ich besorgte Bücher, in denen erklärt wurde, wie man Grundschulkindern den Lernstoff irgendwie spielerischer und schmackhafter veranschaulichen kann, und in denen Empfehlungen standen, die ungefähr so klangen: *Richten Sie eine Belohnungskiste ein ... verlegen Sie das Lernen mal ins Freie ... Und versuchen Sie möglichst oft, dem Kind Hilfe zur Selbsthilfe zu geben: Nehmen Sie ihm die Aufgabe nicht ab. Erklären Sie nicht zu viel – drehen Sie lieber die Rollen um: Lassen Sie Ihr Kind erklären, und fragen Sie vorsichtig nach ...*

Und ich ließ mir von meiner Freundin Mona, der Grundschullehrerin, auch ein paar Begrifflichkeiten erläutern, die man als Hilfslehrerin nicht draufhat, wenn die eigene Grundschule 35 Jahre her ist und zudem in Niedersachsen stattfand.

Kleines Update für Hilfslehrerinnen

Schriftliche Minusaufgaben: Untereinanderschreiben, untere Zahl von der oberen abziehen, eventuell eins merken und unten dranschreiben? Nein, meine Kinder lernten ein neues Abziehverfahren: Die geborgten Zehner wurden nicht unten hin-, sondern obendrüber geschrieben und dann wieder durchgestrichen. Das war ein elendes Geschmiere und gehörte in die Abteilung unnützes Wis-

sen. Denn heute subtrahieren die Mädchen wieder so, wie ich es früher gelernt habe. Für die jetzigen Grundschüler, so habe ich mir sagen lassen, gibt es aber schon wieder eine neue Variante. Mal sehen, wie lange die sich hält.
Tauschaufgaben: 3 + 4 = 7. Die Tauschaufgabe heißt: 4 + 3 = 7
Umkehraufgaben: 3 + 4 = 7. Die Umkehraufgabe lautet: 7 − 4 = 3
Verliebte Zahlen ... ergeben zusammen 10 und sind so leichter zu rechnen. Deshalb sind 7 und 3 verliebt, genauso wie 4 und 6.
Nachbaraufgaben ... bauen auf die verliebten Zahlen auf. Wer weiß, dass 3 + 7 = 10 ist, weiß auch, dass 4 + 7 eins mehr sein muss, also 11, genauso wie 3 + 8. Denn 4 ist der Nachbar von 3 und 8 der Nachbar von 7.
Würfelnetze: Ein Netz mit sechs Quadraten, bei denen sich die Frage stellt: *Kann man das zu einem Würfel falten?* Aber bitte nur vorstellen! Ausschneiden und ausprobieren – das machen nur Dilettanten.
Reizwortgeschichte: *Vater, Überraschung, Unfall, glücklich* – vier Wörter, und jetzt bitte einen reizenden Text draus machen!
Laufdiktat: *Ein Satz wie dieser hängt an der Wand, alle Kinder laufen vorbei, und dann schreiben sie ihn fehlerfrei in ihr Heft.*

Außerdem beschäftigte ich mich mit der Philosophie des richtigen Lobens. Nicht zu viel, nicht zu wenig, immer an der Sache orientiert, am Bemühen, an der Anstrengungsbereitschaft, am individuellen Fortschritt ... Und unbedingt dran denken: Für einmal Kritik müssen Sie fünfmal loben!

»Nehmt ihr das nicht ein bisschen zu ernst?«, fragten unsere Freunde.

»Das Wichtigste ist, keinen Druck zu machen«, sagten die Lehrer.

Ringelpiez mit Anfassen

Habe ich schon erwähnt, dass unsere Zweitgeborene eine wilde Hummel ist? Sie ist praktisch nahtlos aus der Trotzphase in die Pubertät gekommen. Und sie ist eigentlich, seit sie sich verbal äußern kann, dagegen.

Gegen Hausaufgaben. Gegen Ruhigsitzen. Gegen Konzentrieren. Gegen Rechnen, Lesen, Schreiben. Gegen Tischabdecken, Zimmeraufräumen – und gegen Nicht-gegessene-Schulbrote-aus-dem-Ranzen-Holen, bevor sie schimmeln. Manchmal war sie auch dafür: Dafür, dass sie auf dem Schulhof den Anführer gab. Oder mit der coolen Lisamarie befreundet war. Oder in der Hip-Hop-AG die Vortänzerin machen durfte. In der Schule führte das dazu, dass sie polarisierte.

So entwickelte sich eine ungute Gemengelage, als Ida in der dritten Klasse war. Es gab Kinder, die behaupteten, von ihr gehänselt zu werden. Und es gab Kinder, die behaupteten, Ida werde gehänselt. Ida selbst wusste, glaube ich, selbst nicht so genau, was Sache war. Sie war gerade acht. Und wollte sein wie Wilma in Cornelia Funkes *Die wilden Hühner*.

Die Folge der Konflikte war, dass sie noch weniger gern in die Schule ging. Und in der dritten Klasse so schlecht war, dass ich darüber nachdachte, sie wiederholen zu lasen. Denn bis ich begriffen hatte, dass ihr weiterer Abfall eigentlich mit sozialen Konflikten zu tun hatte, dauerte es eine Weile.

Ja, ist so, Hilfslehrerinnen müssen sich nicht nur mit Anlauttabellen, Nachbaraufgaben und den unterschiedlichsten Nadelhölzern im heimischen Wald auskennen, sondern auch psychologisches Geschick haben.

Ich gehöre nicht unbedingt zu den Müttern, die immer denken, dass ihr Kind im Recht ist und die anderen doof. Und weil ich aus Idas Berichterstattung nicht schlau wurde, machte ich einen

Termin in der Schule. Doch die Lehrer drückten sich ebenfalls recht nebulös aus und konnten mir nicht richtig sagen, was eigentlich genau auf dem Schulhof los war: Ein moppeliges Mädchen wurde gehänselt, so viel immerhin erfuhr ich. »Machst du etwa so was?«, konfrontierte ich mein Kind. Das schüttelte vehement mit dem Kopf und behauptete, es sei andersrum: Man rufe ihr »Ida, das ist dida mit der fetten Brille« hinterher.

Hm. Wäre da nicht die Sache mit den grottenschlechten Noten gewesen, hätte ich das Ganze auf sich beruhen lassen. Eigentlich war ich der Meinung, die Kinder sollten das selber lösen. Ich wollte mich da nicht einmischen. Ich war schließlich nicht dabei gewesen. Aber nachdem der Ärger nach drei Monaten immer noch andauerte und eher schlimmer wurde, beschloss ich: Es würde einen Teamtag geben.

Ich lud kurzerhand alle Streitbeteiligten inklusive des Moppelkindes zu uns nach Hause ein – es waren sechs Mädchen –, und tatsächlich stimmten auch alle Eltern zu. Dann backte ich einen Kuchen, trug ihn runter auf die Wiese im Hof. Nahm einen Ball mit. Wir saßen auf der Decke, die Kinder schauten erwartungsvoll, ich warf der Ersten den Ball zu und sagte: »Jede, die jetzt einen Ball kriegt, erzählt mal, was sie auf dem Schulhof nervt.« Das erste Mädchen sagte nichts. Also nahm ich wieder den Ball und sagte, was mich nervte: »Mich nervt, dass ihr euch die ganze Zeit gegenseitig das Leben schwer macht auf dem Schulhof. Und dass jeder sagt, der andere sei schuld.« So kam das Grüppchen in Fahrt.

Nach dem Bällespiel wusste ich zwar immer noch nicht genau, wer wen geärgert hatte, aber immerhin hatte ich alle dazu gebracht, sich einmal offen auszutauschen. Es gab auch ein paar Entschuldigungen. Später verbanden wir uns noch gegenseitig die Augen. Jeder musste sich von dem anderen führen lassen und hoffen, dass er nicht in irgendein Loch stolperte. Oder eine Hauswand im Weg war. Danach aßen wir den Kuchen auf.

Ich habe keine Ahnung, ob mein Teamtag psychologisch irgendwie Hand und Fuß hatte. Fakt war aber, danach nahmen die Zickereien deutlich ab. Und Idas Noten wurden zwar nicht gut, aber wieder besser. Sie musste die Klasse nicht wiederholen.

Sollte ich mal ein Hilfslehrerinnenzeugnis kriegen, möchte ich, dass meine erfolgreichen Ringelpiez-Spielchen unbedingt unter »Besondere Fähigkeiten« erwähnt werden. Ich frage mich allerdings auch, warum die Schule selbst nicht auf solche Ideen kommt. Immerhin gibt es dort doch sogar Streitschlichterseminare.

Immer wenn ich später mal in einer Weinlaune von meinem Teamtag erzählte, erntete ich Gelächter.

»Nehmt ihr das nicht ein bisschen zu ernst?«, fragten unsere Freunde.

»Das Wichtigste ist, keinen Druck zu machen«, sagten die Lehrer

Wie ich versuchte, eine eierlegende Wollmilchsau zu werden

Eltern sollten keinen Druck machen.
Eltern sollten keinen Druck machen.
Eltern sollten keinen Druck machen.

Diesen Satz habe ich so oft gehört, dass ihn hier gleich mehrmals hinschreiben muss. Manchmal stand er sogar in der Zeitung. Meistens dann, wenn es Zeugnisse gab und meine Journalisten-Kollegen von den Tageszeitungen Psychologen zum Thema schlechte Noten befragten. Deren Credo lautete: »Bitte ganz entspannt bleiben. Immer dran denken: Kein Kind will schlechte Noten haben. Und: Bitte! Keinen! Druck! Machen!«

Natürlich sollen Eltern keinen Druck machen auf Kinder, die sieben Jahre alt sind oder acht. Auch nicht auf Kinder, die zwölf sind oder 13. Druck macht eine Matschbirne. Druck ist schlecht, wenn man herausfinden soll, wie lange die Nacktschnecke Gertrud kriechen muss, wenn sie zehn Zentimeter in der Minute schafft und die Straße, über die sie will, drei Meter breit ist.

Mir war das klar. Ich spürte aber auch sehr deutlich: Wir Eltern sollen uns um die Schulbelange unserer Kinder kümmern, wir sollen uns einbringen. Die Schule braucht uns, weil sie personell und auch sonst so knapp bestückt ist, dass der Laden ohne elterliche Unterstützung nicht läuft.

Und alle, die jetzt denken: Na ja, die Frau Willers war ja vor über fünf Jahren mit ihren Kindern in der Grundschule, da hat sich ja bestimmt einiges geändert, muss ich enttäuschen. Denn gerade als ich dieses Kapitel schreibe, wird in den Nachrichten vermeldet, dass im Jahr 2025 bundesweit 35 000 Grundschullehrer fehlen werden. Wenn Sie jetzt also gerade ein Baby kriegen, bestechen Sie am besten irgendeine 18-Jährige aus dem näheren Bekanntenkreis, damit sie ein Grundschulstudium anfängt.

Das Ideal der modernen Schulkindmutter und des modernen Schulkindvaters ist also der Typus des entspannten Kümmerers.

Dieser Typus zeichnet sich vor allem dadurch aus, dass er zu Beginn eines neuen Schuljahres klaglos die ewig lange Besorgungsliste abarbeitet, die die Kinder von der Lehrkraft mitbekommen. Und dadurch, dass er im übervollen Schreibwarenladen keinen Tobsuchtsanfall kriegt, weil der Borstenpinsel, Stärke 5 ausverkauft ist und die Schreibhefte mit der Lineatur 3R ohne Rand ebenfalls – weshalb man übermorgen noch mal wiederkommen soll.

Noch wichtiger ist aber, dass der entspannte Kümmerer auf den Elternbriefen, die dem Kind in der Grundschule mitgegeben werden, immer »Ja« ankreuzt. Im Jahr 2018 geschieht dies mitunter digital, aber bei uns waren es noch Zettel:

Ja – ich habe davon Kenntnis genommen, dass die 2b nächste Woche Dienstag einen Wanderausflug macht und dass das Kind dann wettergerechtes Schuhwerk mitzubringen hat sowie ausreichend zu essen und zu trinken.
Ja – ich bin bereit, bei den Bundesjugendspielen die Weitsprungstation zu betreuen.
Ja – ich komme zum Sommerfest, bringe zwei Personen, ein Blech Butterkuchen und 20 Portionen Nudelsalat mit.
Und ja – ich bin über den Läusebefall in der 3d informiert und habe den Zettel über das Verhalten im Ernstfall erhalten.

(Muss ich erwähnen, dass ich nach der aufmerksamen Lektüre dieses letzten Infoblattes jedes Mal unverzügliches Kopfjucken feststellte – aber nicht bei meinem Kind, sondern bei mir?)

Als wir parallel zwei Kinder in der Grundschule hatten, bekam ich mitunter so viele Elternbriefe, dass ich den Überblick verlor. Da man den unteren Abschnitt abtrennen und dem Kind dann unterschrieben wieder mitgeben sollte, hängte ich den oberen Abschnitt an den Kühlschrank. Spätestens beim vierten Elternbrief streikte aber der Kühlschrankmagnet, das Ganze fiel runter, rutschte irgendwohin ins Küchennirwana, und ich stand dann morgens um halb sieben da und fragte mich: »Welches Kind soll heute noch mal Wanderschuhe anziehen – und welches braucht ein Päckchen für das Hilfsprojekt in Haiti? Heute? Morgen? Nächste Woche? Hilfe!«

Zusätzlich zu den Elternbriefen, die am Kühlschrank hingen, fand ich gelegentlich noch weitere Exemplare – im Zustand fortgeschrittenen Zerfalls auf dem Boden der Schultaschen meiner Kinder. Der Termin, um den es ging, war längst verstrichen.

Irgendwann, als ich mal wieder einen Schwung Elternbriefe entsorgte, dachte ich darüber nach, wie das eigentlich früher gewesen war: Früher waren eindeutig weniger Mütter berufstätig, aber ich kann mich nicht entsinnen, als Kind irgendeine Mutter während der Bundesjugendspiele beim Weitsprunggruben-Harken beobachtet zu haben. Und einen Vater schon gar nicht.

Eltern wurden auch nicht wie eine meiner Freundinnen gefragt, ob sie denn vielleicht das Kunstprojekt nächste Woche mitbetreuen könnten. Eine Lehrerin sei ausgefallen und sie habe doch auch beruflich mit Kunst zu tun. Es ging um fünf Tage, jeweils zwei Stunden.

Was es denn dafür so an Honorar gebe? Ach, äh, nee, eher so ehrenamtlich, habe man gedacht. »Nein, vielen Dank«, hatte die Freundin gesagt und auch noch ein schlechtes Gewissen gehabt.

Und dann war da noch dieser unerfreuliche Hickhack und das subtile Gestichel unter uns Müttern: Es gab Mütter, die berufstätig waren, und Mütter, die wegen der Kinder zu Hause blieben. Freiwillig und aus Überzeugung. Oder auch unfreiwillig, weil sie mehrere Kinder hatten, aber keinen Kita-Platz oder keinen Hort-Platz bekommen hatten. Das passierte in der Zeit, als meine Kinder in der Grundschule waren, ziemlich oft.

Sagte man als berufstätige Mutter dann zum Beispiel unüberlegte Sätze wie: »Also, ich kann nicht als Betreuung mit in die Kirche gehen. Normale Menschen arbeiten ja dienstagmorgens um zehn«, betrat man ein gefährliches Minenfeld und musste davon ausgehen, dass in irgendeiner Ecke eine andere, nicht berufstätige Mutter detonierte: »Was soll das denn heißen? Sind Mütter ohne Geldverdiener-Job etwa keine normalen Menschen? Wir machen doch hier immer die Arbeit, die ihr nicht machen könnt: Wir nehmen eure Kinder mit nach Hause, wenn die Schule unvorhergesehener Weise früher aus ist. Wenn die Erzieherinnen im Hort streiken. Oder wenn einfach Ferien sind. Und wir organisieren die Mini-Forscher-Woche für die dritte Klasse, die ihr nicht organisieren könnt, weil ihr mit euren PowerPoint-Präsentationen beschäftigt seid.«

Das klang immer ein bisschen wie: »Wir sind die guten Mütter, wir kümmern uns richtig um unsere Kinder. Euch ist ja die Arbeit wichtiger. Na ja, muss ja jeder selber wissen, wo er Prioritäten setzt. Aber jammert bitte nicht rum, wenn irgendwann die ersten Fünfen kommen, weil ihr immer weg seid ...«

Die berufstätige Mutter, also ich, konnte das so nicht auf sich sitzen lassen. Sie wollte schließlich weder bei den anderen Müttern als schlechte Mutter dastehen noch bei den Lehrern den Anschein erwecken, sie wäre unengagiert. Denn das würde ja dann vielleicht aufs Kind zurückfallen.

Deshalb erwog ich, mich beim nächsten Elternabend als Elternbeirat aufstellen zu lassen, obwohl ich eigentlich schon genug an der Backe hatte. Oder ich nahm einen Tag Urlaub und kreuzte beim Elternbrief »Mini-Forscher-Woche« doch »Ja« an ... Seht her, sollte das heißen, ich schaff das alles: Job, Kinder und Schulengagement.

Interessanterweise beobachtete ich bei Vätern diesen Konflikt nie oder wenn, dann nur in sehr abgeschwächter Form. Von einem guten Vater wurde nicht erwartet, dass er den Kirchenbegleitdienst übernahm, und wenn er sich doch engagierte, wie mein Mann es durchaus tat, dann wurde er ausgiebig gelobt.

Ein guter Vater musste sich keine Gedanken darüber machen, ob es nicht von Lieblosigkeit oder zumindest von einer fragwürdigen Einstellung zu gesunder Ernährung zeugte, einen gekauften Kuchen mitzubringen, wenn er nach der Arbeit noch zum Schulfest hetzte. Eine gute Mutter schon.

Ein guter Vater musste auch nicht jeden Nachmittag mit dem Kind lernen, denn richtig gute Väter gingen ja arbeiten und schafften Geld ran. Wir Mütter wussten hingegen nie so genau, wann wir richtig gut waren. Eigentlich machten wir es immer irgendwie falsch. Wenn wir einen Job hatten, wenn wir keinen Job hatten, wenn wir versuchten, Kind und Job unter einen Hut zu bringen. Kritik mussten wir immer einstecken. Und das hat sich bis heute nicht verändert, wie ich von jüngeren Freundinnen weiß.

Kann man als berufstätige Mutter in diesem ganzen Durcheinander von widersprüchlichen Botschaften einigermaßen entspannt bleiben?

Ja, man kann. Und auch, wenn es viel Kraft kostet: Solange die Kinder gut in der Schule sind und wenn alles läuft, wie es soll, kriegt man es irgendwie hin. Ohne Burn out. Ohne Helikopter. Und ohne dass das schlechte Gewissen übermächtig wird. Aber wenn es nicht so läuft, ist es fast unmöglich.

Wenn es nicht so läuft in der Schule, fällt einem die Mutterrolle nämlich auf die Füße. Oder das, was die Gesellschaft unter einer guten Mutter versteht. Dann heißt es: »Du musst dich mehr kümmern. Aber bitte ganz entspannt und auch nicht zu viel. Denn wenn du dich zu viel und unentspannt kümmerst, bist du eine Helikoptermutter, eine Tigermom, eine hysterische Eislaufmutter.« Alles irgendwie unsympathisch – und alles auch wieder falsch.

Es ist verdammt schwer, sich genau richtig zu kümmern, wenn es nicht läuft in der Schule. Dann bedeutet Kümmern nämlich auch: Hausaufgaben nach dem Hort anschauen. Feststellen, dass sechs von zehn Matheaufgaben falsch sind und dass das Kind das Prinzip nicht richtig verstanden hat. Abends um fünf das Kind dazu bringen, sich die Sache noch mal anzuschauen. Und dann aushalten, wenn es vor Wut gegen die Schultasche tritt und »Scheiß Schule« brüllt.

Oder bei der Drittklässlerin freitags nachfragen: »Sag mal, schreibt ihr nicht bald wieder Deutsch?«
»Mmh …«
»Wann denn?«
»Nächsten Montag.«
»Oh, da musst du ja dann noch üben!«
»Samstag wollte ich aber schwimmen gehen, es soll 30 Grad werden … Und am Sonntag ist Geburtstag bei Lisa.«
»Aber, du hattest in der letzten Deutscharbeit eine Vier minus …«
»Mama, ich will aber mit!«

Wenn es nicht läuft, steht im Zwischenzeugnis der dritten Klasse unter ergänzende Bemerkungen:

> *Ida wendet die erlernte Abschreibtechnik noch nicht konsequent an. Auch zu Hause sollte sie vorher an die Abfolge der einzelnen Schritte erinnert werden. Ein Mitsprechen der jeweils zutreffenden Regel beim Schreiben würde ihre Rechtschreibsicherheit erhöhen. Im Bereich Schreiben sind der zusätzliche Übungsaufwand und die vermehrte Aufmerksamkeit beim Abschreiben von Texten sicherlich lohnend. Förderbedarf besteht auch bei den Einmaleinsreihen, welche noch intensiver eingeübt werden müssen. Mithilfe der Hefteinträge sollten auch zu Hause die Eigenschaften von Körpern wiederholt werden.*

Mal abgesehen davon, dass diese Formulierungen seltsam distanziert sind und so klingen, als würden die Lehrer sich nicht trauen, hinzuschreiben, dass dies alles ein Arbeitsauftrag an die Eltern ist, stellt sich die Frage: Wie kommt man da raus – ganz ohne Druck? Wie löst man das ganz entspannt, wenn hinter einem eine Lehrkraft mit Megafon steht und ständig ruft: »Du musst mit deinem Kind meeehr üben!«

Ich habe das oft nicht geschafft. Und ich habe mir das übel genommen. Ich empfand es als persönliches Versagen. Bis ich irgendwann begriff: Es sind nicht nur die unentspannten Eltern, die Druck erzeugen. Ja, natürlich gibt es die Überehrgeizigen, Mütter und Väter, für die nur eine akademische Karriere zählt, dazu mindestens ein Musikinstrument, beim Sommerfest die Hauptrolle im Theaterprojekt und dreimal die Woche Hockey – weshalb man in den USA auch von Soccer-Moms spricht (interessanterweise auch hier nur selten von Soccer-Dads).

Ich kenne aber auch viele Eltern, die nicht so sind und trotzdem Druck machen müssen. Weil das System Schule und die frühe Auslese, so, wie wir es erlebt haben, sehr schnell sehr viel Druck aufbauen – und den an Kinder, Lehrer und Eltern weitergeben.

Ich jedenfalls habe schon in den ersten Schuljahren meiner Kinder die Erfahrung gemacht: Je mehr ich mich kümmerte und je genauer ich hinschaute, umso mehr sah ich auch, was meine Kinder noch nicht so gut konnten, was sie aber laut Lehrplan hätten können müssen.

Das setzte mich unter Druck. Das machte mir Angst. Das verunsicherte mich. Ja, die Schule hatte innerhalb von wenigen Jahren bewirkt, dass sich aus meinem wohlwollenden Muttergefühl und der bis dahin unumstößlichen Gewissheit, zwei wunderbare Kinder zu haben, ein defizitärer Blick auf meine Töchter entwickelt hatte. Und dass ich spätestens seit unserer Diagnoserallye mit Greta eine Frage nie mehr so richtig aus dem Kopf bekam: Warum war das mit der Schule bei uns so furchtbar schwer – und was stimmte eigentlich nicht mit meinen Mädchen?

Jetzt mal mit Abstand: Warum kriegen heute so viele Kinder eine Diagnose?

In nahezu jeder ganz normalen Grundschulklasse gibt es sie: Kinder, die irgendwas haben – Legasthenie oder Dyskalkulie oder AD(H)S (Aufmerksamkeitsdefizit-Störung mit oder ohne Hyperaktivität) oder irgendein anderes Problem, das ihnen beim Lernen im Weg steht, obwohl sie eigentlich pfiffige kleine Leute sind.

Sie haben also eine Diagnose – und wenn sie Glück haben, ist die Diagnose so, dass sie dem Kind Erleichterungen bringt in der Schule. So gibt es zum Beispiel für die diagnostizierte Legasthenie in den meisten Bundesländern einen Nachteilsausgleich: Die Rechtschreibfehler werden bei der Notengebung weniger gewichtet. Oder gar nicht gezählt. Das Kind bekommt in Prüfungen mehr Zeit.

Bei den meisten anderen Diagnosen gibt es aber oft erst mal keine Erleichterungen. So haben beispielsweise Kinder mit einer Rechenstörung in vielen Bundesländern Pech gehabt. Sie kriegen keinen Nachteilsausgleich – es sei denn, ihre Eltern haben den Nerv, zu klagen oder mit dem Lehrer über seine Ermessensspielräume zu diskutieren.

Versucht man das Thema offen anzusprechen, trifft man nicht selten auf Skepsis – vonseiten der Lehrer, Omas, der anderen Eltern, die diese Probleme mit ihren Kindern nicht in der Schule haben: »Sind diese ganzen Diagnosen, diese Etikettierungen nicht übertrieben?«, fragen sie. Nehmen die Eltern sie vielleicht nur deshalb dankbar auf, weil sie dann endlich einen Namen haben für die eigene Ratlosigkeit, die eigene Erschöpfung und die Schulprobleme? Vielleicht auch, weil es leichter ist zu sagen: »Mein Kind hat eine Krankheit oder Sowiesoschwäche«, statt zu sagen: »Mein Kind ist nicht so schlau«? Oder verhaltensauffällig? Oder schlecht gefördert, schlecht erzogen gar?

Unterstellungen dieser Art werden genährt von Publikationen wie der des amerikanischen Neurologen Richard Saul: *ADHD does not exist*, hieß sein Buch aus dem Jahr 2014: ADHS gibt es gar nicht ...[2]

»Solche Thesen finde ich schwierig und einen Schlag ins Gesicht der betroffenen Eltern und Kinder«, erklärt mir Professor Michael Schulte-Markwort im Gespräch. Er ist ärztlicher Direktor der Klinik für Kinder- und Jugendpsychiatrie am Universitätsklinikum Hamburg-Eppendorf und hat schon Tausende Kinder angeschaut und untersucht. »Ich sehe diese Familien jeden Tag, und ich sehe auch: Die Eltern machen sich Sorgen, weil das Kind nicht zurechtkommt in der Schule, und sie fürchten, dass es dadurch im Leben benachteiligt sein wird. Was ist verwerflich daran?«

Im Kontext von Schulproblemen diagnostiziert der Professor am häufigsten Teilleistungsstörungen. Darunter fallen vor allem die Legasthenie, die Dyskalkulie oder auch die Dyspraxie, eine Koordinationsstörung (siehe »Dyspraxie«, Seite 60). Im Schnitt sind von diesen Störungen etwa fünf Prozent eines Schülerjahrgangs betroffen. In jeder Klasse also ein bis zwei Kinder. Dazu kommen andere Auffälligkeiten, die Lernprobleme verursachen – wie zum Beispiel ein schlechtes akustisches Kurzzeitgedächtnis oder AD(H)S.

Häufige Ursache für diese Schwierigkeiten, so Michael Schulte-Markwort, seien meist Verschaltungsstörungen im Gehirn, die schon in einer frühen Phase der Schwangerschaft entstünden, wenn sich das Gehirn entwickle. Die Kinder seien dabei aber meist normal oder sogar überdurchschnittlich intelligent. »Kann ja sein«, sagen die Skeptiker, wenn sie das hören, »aber früher gab es trotzdem nicht so viele Diagnosen.«

Stimmt, es gab nicht so viele Diagnosen. Lernstörungen und psychische Probleme waren trotzdem da: Die Rate der Auffälligkeiten im psychiatrischen Bereich liege seit 30 Jahren unverändert bei etwa 18 bis 21 Prozent, erklärt mir Michael Schulte-Markwort. Die meisten dieser Störungen verursachen eben auch Lernprobleme. Und die fallen heute eher auf. Weil die Diagnosemöglichkeiten besser sind. Und weil die Lehrpläne im Zuge der PISA-Studien immer voller geworden sind – und die Zeit, in der Kinder Stoff aufholen können, immer knapper.

Sie fielen aber auch deshalb auf, so Schulte-Markwort, weil sich das Verhalten der Eltern verändert habe: Sie gingen mit ihren Kindern eher zum Arzt, wenn sie etwas Auffälliges beobachteten. Früher hingegen seien sie spät oder gar nicht gekommen.

Warum das so war? Zum Beispiel, weil früher nicht so genau hingeschaut wurde: Die Kinder standen nicht so sehr im Fokus der Erwachsenen. Sie kamen nicht schon mit einem Jahr in die Krippe, manche besuchten nicht mal den Kindergarten. Sie wurden weniger beobachtet und weniger mit Gleichaltrigen verglichen. Es gab keine Lern-und Entwicklungsgespräche in der Kita und in der Grundschule. Es gab kaum Ganztagsschulen. Und wenn das Kind in der Schule nicht so brillierte, war das keine Katastrophe.

Denn erstens hatte man früher nicht nur ein oder zwei Kinder, sondern mehr. Eins war dann sicher darunter, das gut war in Mathe und Deutsch. Und die anderen hatten eben andere Talente.

Dazu kam: Früher lag die Hemmschwelle, wegen eines Schulproblems mit dem Kind zu einem Psychologen oder Psychiater zu gehen, viel höher – und auch die Hürden, die es auf dem Weg dorthin zu überwinden galt. Wer sich doch aufraffte, musste sich auf sehr lange Wartezeiten einstellen. Nach wie vor ist die Versorgung mit Kinderpsychiatern nicht gut: auf 18 Millionen Kinder unter 18 Jahren kommen etwa 1800 dieser Fachärzte. Früher war das Verhältnis noch schlechter. Und so fanden sich unsere Eltern und Großeltern irgendwann ab mit der Erkenntnis, dass das Kind eben nicht so leicht lernen konnte und keinen so guten, geschweige denn hohen Bildungsabschluss erreichen würde.

Auch heute treten die meisten Eltern den Gang zum Psychiater, Neurologen oder Psychologen nicht leichtfertig an. Es kann zwar durchaus entlasten, wenn man einen Namen hat für die Lernprobleme. Viele fürchten aber nach wie vor eine Stigmatisierung und dass ihr Kind abgestempelt wird – als nicht normal im Kopf. Als irgendwie gestört. Psycho. Und sie als Eltern gleich mit: Da habt ihr wohl irgendwas falsch gemacht ...

Manch einer zögert auch, weil er sich denkt: Vielleicht wächst sich das Problem aus. Vielleicht müssen wir eben nur mehr üben und geduldig sein. Und überhaupt: Ist es nicht eine ziemlich bedenkliche Entwicklung, dass alle Kinder stromlinienförmig funktionieren müssen, dass wir keinen Platz, keine Toleranz mehr haben für Normabweichungen? Dass heute Kinder als krank gelten, die früher als »interessante Typen« durchgingen: Bei Michel aus Lönneberga oder Pippi Langstrumpf wäre doch auch kein Mensch auf die Idee gekommen, sie könnten eine Störung haben. Obwohl auch sie wild und unangepasst waren – und zumindest Pippi unbeschulbar.

Und ist es nicht auch eine gesunde Einstellung, so zu denken?

»Sicher kann man es so sehen«, sagt Michael Schulte-Markwort, »aber dann muss man auch akzeptieren, dass sich fortsetzt, was früher ebenfalls normal war: nämlich dass nicht wenige Menschen in ihrem Leben weit unter ihrem Potenzial bleiben oder sogar regelrecht scheitern, weil man ihr Problem nicht erkannt und ihnen nicht geholfen hat.«

Natürlich, so der Professor, gebe es auch Modediagnosen. In den Nullerjahren sei das AD(H)S gewesen, aktuell sei es eher das Asperger-Syndrom, eine Variante des Autismus. »Die Eltern kommen dann mit einer Vermutung, weil sie so viel davon gehört haben. Oder die Erzieherin, die Lehrerin hat ihnen empfohlen, mal ›nachschauen‹ zu lassen. Und manche von ihnen kann ich tatsächlich wieder nach Hause schicken und ihnen sagen, dass ihr Kind einfach nur lebhaft ist oder verträumt, aber nicht behandlungsbedürftig. Das ist mir allerdings lieber als Familien, die durchs Raster fallen – weil sie nicht kommen, *obwohl* Therapiebedarf besteht.«

Professor Schulte-Markwort hat recht: Unerkannte oder schlecht behandelte Lernstörungen führen meistens nicht nur zu niedrigeren Bildungsabschlüssen, sondern haben fast immer auch sekundäre Folgen für das Selbstbild: Die Kinder halten sich – auch später als Erwachsene noch – für dumm, trauen sich immer weniger zu, ziehen sich zurück oder werden aggressiv.

Die Sache mit den Diagnosen ist also eine Gratwanderung, für die ein Arzt viel Erfahrung braucht, wenn er nichts übersehen – aber auch nichts überdiagnostizieren will. Denn Lernprobleme haben selten nur eine Ursache und machen auf verschiedenen Ebenen Probleme.

So ist AD(H)S in der Vergangenheit auch immer wieder mit hirnorganischen Abweichungen in Verbindung gebracht – vor allem mit einem Ungleichgewicht beim Botenstoff Dopamin. Zu wenig Dopamin, so wurde diskutiert, könnte ein Grund dafür sein, dass die betroffenen Kinder eine geringere Aufmerksamkeitsspanne haben und es oft nicht – wie in der Schule gefordert – schaffen, einen längeren Text zu lesen oder bei einer Prüfung bis zum Schluss bei der Sache zu bleiben.

Allerdings ist die Datenlage hier nicht eindeutig, und wahrscheinlich ist auch: Nicht nur die Gehirnchemie oder eine gewisse Veranlagung spielen eine Rolle, sondern auch die Lebensumstände. Zu viel Hektik im Alltag, zu viele Reize von außen und zu wenig Struktur, zu viel Gedaddel auf dem Smartphone oder auch eine schwierige Familiensituation – Streit, Trennung, Umzüge – verschärfen das Problem.

Ebenso vielschichtig ist das Thema Medikation. Bei AD(H)S kommt dabei in der Regel Methylphenidat ins Spiel, bekannt vor allem unter seinen Handelsnamen »Ritalin« und »Medikinet«. Diese Medikamente dienen der Behandlung, aber auch der Diagnose: »Wenn Methylphenidat wirkt, ist das für uns Ärzte ein wichtiger Hinweis auf ein Dopaminproblem«, erklärt mir Professor Schulte-Markwort. Und nicht selten bringe die Medizin dann eine völlig neue Lebensqualität und in der Schule eine Verbesserung um bis zu zwei Noten.

Viele Eltern wollen davon trotzdem nichts wissen. Ein Zäpfchen gegen Fieber, ein Medikament gegen den Heuschnupfen, ja! Aber eine Pille fürs Gehirn? Eine Psychodroge? Das erscheint vielen als Kinderdoping. Sie haben Angst vor Nebenwirkungen. Aber auch davor, dass das Kind sich im Wesen verändert. Und: Viele Eltern fürchten, in eine bestimmte Ecke gestellt zu werden: »Na, ihr macht mit eurem Ehrgeiz ja wohl vor gar nichts halt. Noch nicht mal vor Psychopillen …«

Michael Schulte-Markwort kennt diese Vorbehalte und auch den Vorwurf, die Pharmaindustrie habe all die Lernstörungen erst erfunden, um ihre Medikamente zu verkaufen. Bestätigen kann er das nicht. Denn oft ist es eher andersherum: Weil die Märkte zu klein sind, werden viele Medikamente gegen psychische Störungen für Kinder gar nicht untersucht – und auch nicht zugelassen. Wollen die Ärzte sie verordnen, müssen sie die Medizin off-label verschreiben, also außerhalb des Gebrauchs, der von den Arzneibehörden zugelassen ist. Das wiederum kann heikel sein.

Und tatsächlich wurde gerade für AD(H)S erst kürzlich eine neue ärztliche Leitlinie herausgegeben, nach der auch Kinder mit mittelschwerer Ausprägung das Medikament schneller und leichter verschrieben bekommen können.

Unabhängig davon, können Pillen aber nie die ganze Lösung sein. Immer muss es davor eine gründliche Diagnose geben. Und dazu gehört oft ein IQ-Test. Zwar ist Schulerfolg längst nicht nur eine Frage der Intelligenz – aber der Test mit seinen verschiedenen Untertests kann den Ärzten genauer zeigen, in welchen Bereichen das Kind gut ist und in welchen es Probleme hat: Ist es die Merkfähigkeit, die Verarbeitungsgeschwindigkeit, das logische Denken, das Sprachverständnis ...? Voraussetzung für ein aussagekräftiges Ergebnis ist natürlich immer, dass der Test in einer entspannten Atmosphäre stattfindet, dass die Beziehung zum Tester stimmt und dass nicht emotionale Probleme das Resultat verschleiern.

Auch die Therapie muss für jedes Kind neu gedacht werden. Meistens ist es eine Kombination aus verschiedenen Maßnahmen, die weiterhelfen kann: vielleicht eine Lerntherapie, vielleicht eine verhaltenstherapeutische Begleitung und weniger Medienkonsum. Vielleicht mehr Zeit bei den Prüfungen. Oder eine andere Art, Lerninhalte aufzubereiten.

Doch gerade das sei oft das Problem, bemängelt Schulte-Markwort, der selbst auch in die Schulen geht, um seinen jungen Patienten den Rücken zu stärken und die Lehrer aufzuklären. Ein Kind mit einem schlechten akustischen Arbeitsgedächtnis brauche zum Beispiel im Unterricht mehr Visualisierung und weniger gesprochenen Text, um sich die Dinge besser merken zu können. Ein Kind mit einer Dyspraxie-Koordinationsstörung brauche ein anderes Schreibgerät, zum Beispiel einen Computer mit großer Tastatur. Aber in den Schulen heiße es dann oft: »Das geht nicht, in der Klasse sind noch 25 andere Kinder ...«

»Diese Haltung gefällt mir nicht: Als Arzt kann ich ja auch nicht sagen: Das geht nicht, ich habe noch 250 andere Patienten. Statt sich als Dienstleister zu verstehen, benotet und urteilt die Schule oft nur: Funktioniert das Kind oder funktioniert es nicht? Und wenn es nicht funktioniert: Raus mit ihm!«

Könnten also tatsächlich alle Kinder aufs Gymnasium, wenn sie nur die richtige Diagnose und die entsprechenden Bedingungen bekämen?

Nein, antwortet mir Michael Schulte-Markwort. Immer wieder müsse er Eltern auch sagen, dass ihr Kind lernbehindert sei – beziehungsweise einen IQ weit unter dem Durchschnitt von 100 habe. »Das ist für mich jedes Mal schwer. Noch viel härter ist es natürlich für die Eltern. Denn niemand traut sich heute selbstbewusst zu vertreten, dass das eigene Kind einen anderen Weg gehen wird als den der Einbahnstraße zum Abitur. Aber genau dabei muss man die Leute dann unterstützen.«

Das gilt für die Eltern von lernbehinderten Kindern. Aber auch für Familien, in denen sich Kinder aus anderen Gründen schwerer tun.

Wenn das Lernen Probleme macht: Häufige Diagnosen

Leserechtschreibstörung LRS/Legasthenie

Ein Sammelbegriff für Schwierigkeiten beim Lesen und/oder Rechtschreiben, die auch nach der ersten Klasse in ausgeprägter Form bestehen bleiben – obwohl weder eine Intelligenzminderung noch psychische Erkrankungen diagnostiziert werden.

Die betroffenen Kinder lesen sehr langsam, stocken immer wieder, verlieren die Zeile im Text, vertauschen Wörter oder dichten Silben, Buchstaben, Satzteile dazu. Fragt man das Kind, was im Text stand, kann es das Gelesene kaum wiedergeben.

Beim Schreiben machen Legastheniker sehr viele Fehler – bei ungeübten Diktaten, aber auch bei abgeschriebenen Texten. Gleiche Wörter werden mitunter auf unterschiedliche Weise falsch geschrieben, später macht auch die Zeichensetzung Probleme. Häufig haben Legastheniker eine schlecht lesbare Schrift.

Viele Legastheniker hadern vor allem mit dem Fach Deutsch. Aber auch in Mathe oder Sachkunde kann es schwierig werden – zum Beispiel beim Verständnis von Textaufgaben.

Eine isolierte Lesestörung wird »Dyslexie« genannt, eine isolierte Rechtschreibstörung »Dysorthographie«.

Mehr Infos: Bundesverband Legasthenie und Dyskalkulie, www.bvl-legasthenie.de.

Dyskalkulie

Kinder mit Dyskalkulie haben Probleme mit mathematischen Konzepten. Sie verstehen Zahlen als reine Symbole – nicht als Mengenangabe – und erkennen dabei keine Muster oder Zahlenfolgen. Auch das Ablesen der Uhr macht oft Schwierigkeiten.

Häufig benutzen Dyskalkulie-Kinder beim Rechnen auch noch jenseits der ersten Klassen die Finger – statt zu rechnen, zählen sie damit alles ab. Sie lernen auswendig, verstehen aber das Prinzip nicht. Grundrechenarten werden mitunter verwechselt, und die Übersetzung einer Sachaufgabe in eine Rechenaufgabe ist oft eine große Hürde, ebenso der Zehner- und Hunderterübergang.

Bei der Dyskalkulie ist es – wie übrigens auch bei der Legasthenie – oft schwierig, zwischen der leichteren Form der Lernschwäche und der ausgeprägteren Form der Lernstörung zu unterscheiden.

Mehr Infos: Bundesverband Legasthenie und Dyskalkulie, www.bvl-legasthenie.de.

Dyspraxie

Dabei handelt es sich um eine grob- und feinmotorische Störung der Koordination – das heißt: Die Hand, das Bein, der Körper tut nicht das, was das Kind will.

Handlungen können also nicht richtig geplant werden. Buch aufschlagen, Stift halten und führen, ein Wort mit dem Lineal unterstreichen, etwas ausschneiden, den Zirkel benutzen – all diese Aufgaben stellen das Kind vor riesige Herausforderungen, bevor auch nur eine Aufgabe gelöst ist.

Kinder mit Dyspraxie wirken oft sehr ungeschickt und arbeiten in der Schule auffällig langsam.

Schlechtes akustisches Kurzzeitgedächtnis

Das Kind kann zwar ausreichend gut hören, kann sich aber das Gehörte schlecht merken. Die Folge: Da der Schulunterricht meist stark auf mündliche Vermittlung ausgerichtet ist, schneidet es trotz vermehrter Wiederholungen in Prüfungen schlecht ab – selbst dann, wenn der Gesamt-Wert im IQ-Test überdurchschnittlich ist. Häufig liegen vor allem der Wert für das Arbeitsgedächtnis und die Verarbeitungsgeschwindigkeit deutlich unter den Werten der anderen Testbereiche.

Fallbeispiele von Kindern mit Dyspraxie und schlechtem akustischen Kurzzeitgedächtnis (und viele weitere Beispiele für Kinder mit Lernstörungen und psychischen Problemen) finden sich in Michael Schulte-Markworts Büchern Burnout-Kids *(Pattloch-Verlag) und* Kindersorgen *(Knaur).*

Lernbehinderung, Hochbegabung und IQ

Zur Bestimmung der intellektuellen Leistungsfähigkeit wird häufig der Intelligenzquotient herangezogen.

Er kann mit verschiedenen Tests bestimmt werden, wenngleich es zahlreiche Störfaktoren gibt, die den Wert verfälschen können –

dazu gehören zum Beispiel auch Sprachschwierigkeiten oder Angststörungen.

Der durchschnittliche IQ-Wert liegt bei 100 Punkten. Menschen, die bei einem Test weniger als 85 erreichen, gelten als unterdurchschnittlich begabt. Hat ein Schulkind dazu noch schwerwiegende, langandauernde und fächerübergreifende Lernprobleme, wird nicht selten eine Lernbehinderung oder Lernbeeinträchtigung diagnostiziert.

Wer auf der anderen Seite mit dem IQ bei über 115 Punkten liegt, gilt als überdurchschnittlich begabt. Und ab einem Wert von 130 spricht man von Hochbegabung.

Im Schnitt sind in unserem Land zwei bis drei Prozent der Menschen hochbegabt. Also deutlich weniger als viele Eltern annehmen.

Hochbegabung ist natürlich keine Krankheit, führt aber häufig zu Lernproblemen, weil die Kinder unterfordert sind und dann häufig in der Schule abschalten – oder stören.

Mehr Infos:
Bundesverband zur Förderung von Menschen mit Lernbehinderungen, www.lernen-foerdern.de.
Deutsche Gesellschaft für das hochbegabte Kind, www.dghk.de.

AD(H)S

Aufmerksamkeitsdefizitsyndrom bzw. Aufmerksamkeitsdefizit-Hyperaktivitätsstörung. Die wichtigsten Symptome sind eine kurze Aufmerksamkeitsspanne, großer Bewegungsdrang und Impulsivität. Dazu kommen schnelle Reizbarkeit, Stimmungswechsel, Sprunghaftigkeit.

Bei der Variante ADS fehlt die Hyperaktivität, die Kinder scheinen eher verträumt, sind aber oft ebenfalls sehr ablenkbar und nicht bei der Sache.

Auch wenn nicht jedes lebhafte Kind eine Störung hat und mitunter leichtfertig mit dem Begriff umgegangen wird: AD(H)S ist eine ernst zu nehmende Krankheit, die in Deutschland von Spezialisten diagnostiziert werden muss – in der Regel von Kinder- und Jugendpsychiatern. Leichte Formen werden meist mit Verhaltenstherapie behandelt, schwerere mit Medikamenten.

AD(H)S gehört zu den häufigsten psychischen Auffälligkeiten im Kinder- und Jugendalter.

Das Bundesgesundheitsministerium geht davon aus, dass etwa 2 bis 6 Prozent aller Kinder und Jugendlichen betroffen sind.

Mehr Infos: ADHS-Infoportal, www.adhs.info.

Asperger-Syndrom

Beim Asperger-Syndrom handelt es sich um eine Variante des Autismus. Die Ausprägung kann sehr unterschiedlich sein.

In den ersten Lebensjahren fallen Asperger-Kinder oft kaum auf. Spätestens in der Grundschule wird aber deutlich, dass sie offenbar Probleme mit der sozialen Interaktion und in der Kommunikation haben: Es fällt ihnen oft schwer, sich auf Gespräche einzulassen, Mimik, Gestik, Tonfall anderer zu interpretieren und Freundschaften aufzubauen. Häufig reagieren Asperger-Kinder ausgesprochen empfindlich auf Umweltreize – laute Geräusche, bestimmte Gerüche, Berührungen – und auf unerwartete Veränderungen im Tagesablauf. Viele von ihnen haben ein ausgeprägtes Detailwissen (Inselbegabungen) und sehr spezielle Interessen.

All diese Eigenschaften machen den sozialen Umgang mit anderen Menschen für die betroffenen Kinder schwierig. Und so wird auch der Schulalltag für sie oft zu einer großen Herausforderung – obwohl sie meist normal oder in Teilgebieten sogar überdurchschnittlich intelligent sind.

Mehr Infos: Bundesverband Autismus Deutschland e. V., www.autismus.de.

Der Übertritt

Das bayerische Grundschulabitur: Wenn alle durchdrehen

Das bayerische Grundschulabitur findet in der vierten Klasse statt, beginnt aber schon in der dritten. Ziel ist es, in den Hauptfächern Deutsch, Mathe und HSU (Heimat- und Sachunterricht) einen Schnitt von mindestens 2,33 zu haben. Denn mit 2,33 kann man aufs Gymnasium. Hat man 2,66, darf man auf die Realschule. Und für alle, die schlechter sind, heißt es: Ab auf die Hauptschule, die inzwischen Mittelschule genannt wird – aber die trotzdem keiner mag! Denn Gesamtschulen gibt es in Bayern kaum.

Zusammen heißt das Ganze dann Übertritt: Ein Wort, was ich aus meiner niedersächsischen Schulzeit nicht kannte – und bis zum Übertritt meiner Töchter eher beim Weitsprung verortet habe.

Dieser Übertritt macht alle völlig kirre: Kinder, Eltern, Lehrer. Schon bevor meine Kinder in die Schule kamen, hatte ich davon gehört, aber immer gedacht: Warum sind die bloß alle so aufgeregt? Das ist doch kein Staatsexamen.

An meinen eigenen Übertritt konnte ich mich gar nicht mehr erinnern – und das lag nicht nur daran, dass der Übertritt nicht Übertritt hieß, sondern gar keinen Namen hatte. Ich nehme an, es war so: Die Grundschule war aus, und man brauchte eine neue Schule. Es gab drei zur Auswahl – eine Hauptschule, eine Realschule und ein Gymnasium. Punkt.

Aus meiner Klasse gingen nur eine Handvoll Kinder aufs Gymnasium. Aber die anderen Schulen waren auch fein – für die Eltern und für uns Kinder. Denn auch mit Realschule wurde man später an der Sparkasse gerne als Azubi genommen.

Für mich war ohnehin die wichtigste Frage, ob an der neuen Schule genügend Mädchen waren, mit denen ich Gummitwist spielen konnte.

Dass das nichts zu tun hatte mit dem Übertrittswahnsinn, der 30 Jahre später auf mich wartete, habe ich dann ziemlich schnell begriffen. Zweimal hintereinander wurde ich davon voll erfasst.

Es gehe, so hörte ich es auf Schulhöfen und Elternabenden munkeln, um eine zentrale Entscheidung für den weiteren Lebensweg der Kinder. Jetzt, in der vierten Klasse würden die Weichen gestellt und die Spreu vom Weizen getrennt (ja, solche Vergleiche kamen tatsächlich. Und natürlich wollten dann alle lieber ein Weizenkind haben!).

Aber, so erfuhr ich weiter, die Spanne zwischen Gymnasium und Hauptschule sei klein. Das Kind müsse in der Vierten nur ein, zwei Proben (so heißen die Klassenarbeiten in Bayern) versemmeln – und schon sei es passiert. »Geht's bei der Dramatisierung auch eine Nummer kleiner?«, versuchte ich da noch zu denken. Und nahm mir vor, mir meine Verunsicherung nicht anmerken zu lassen. Denn ich fand es uncool, so eine aufgeregte Übertrittsmutter zu sein.

Doch dann ging es gleich zu Beginn der vierten Klasse mit einer Prüfung los. Und die lief nicht gut. Beide Kinder mussten den Fahrradführerschein machen. Beide Kinder fielen in der Praxis durch.

Zwar floss das nicht direkt mit in die Übertrittsnote ein, dafür gab es in HSU noch eine extra Probe zu den Fahrradregeln. Aber die Durchgefallenen waren trotzdem untröstlich und weinten zu Hause, weil sie auf dem aufgebauten Schulhofparcours die Vorfahrt missachtet hatten und der Verkehrspolizist streng die Kelle gehoben und gesagt hatte: »Ohohoh, im richtigen Leben hätte dich der Laster jetzt umgefahren.«

Natürlich hatte er damit recht. Aber er hatte wahrscheinlich keine Ahnung, was das für eine Hilfslehrerin wie mich im Übertrittsjahr bedeutete: Es bedeutete, zu Hause ein niedergeschlagenes Kind zu haben, das Sätze sagte wie: »Ich bin sogar zum Radfahren zu doof, Mama.« Und es bedeutete, alles pädagogische Geschick mobilisieren zu müssen, um nicht gleich zu Anfang des Jahres in eine unselige Frustspirale reinzurutschen.

Im zweiten Anlauf schafften dann beide Kinder die Radprüfung und durften sich fortan offiziell beglaubigt auch allein auf öffentlichen Radwegen bewegen. Aber es blieb trotzdem ein Rest Verunsicherung zurück.

Und spätestens da spürte ich es ganz deutlich: Dieses Übertrittsjahr würde ein sehr schweres Jahr werden. Ich merkte, wie die Anspannung in mir hochkroch. Und dass ich das wabernde Schreckensszenario, das die anderen schon die ganze Zeit an die Wand malten, nicht mehr an mir abprallen lassen konnte. Denn das kann man nur dann, wenn man weiß: »Mein Kind ist ein Schnellchecker, und es ist nervenstark.« Oder, wenn es einem egal ist, wo es nach der Grundschule landet.

Mir war es nicht egal. Und so sehnte ich mich zusammen mit vielen anderen Müttern schon im September danach, dass es endlich Mai werden würde. Denn im Mai gibt es traditionell die Übertrittszeugnisse. Und dann wäre das Leben vielleicht wieder schön.

Warum um den Übertritt in Bayern so viel Wind gemacht wird? Nein, nicht, weil die Eltern dort besonders hysterisch sind. Sondern weil dahinter ein System steckt, das es allen Beteiligten schwer macht, entspannt und gelassen zu bleiben.

Anders als in den meisten anderen Bundesländern, dürfen Eltern und Kinder in Bayern nämlich nicht mitreden bei der Frage, auf welche Lehranstalt es nach der Vierten gehen soll – bindend ist der Notendurchschnitt und die daraus resultierende Empfehlung. Befürworter des Systems wenden an dieser Stelle gerne ein, dass es ja noch den Probeunterricht gebe. Und dass Eltern, die mit der Empfehlung nicht einverstanden seien, ihr Kind dorthin schicken könnten – sie hätten also doch ein Mitspracherecht. Verschwiegen wird dabei, wie perfide dieser Probeunterricht ist – doch dazu im nächsten Kapitel.

Dass die bayrische Übertrittsregelung in Familien besonders viel Stress erzeugt, belegt auch eine Elternbefragung des Lehrstuhls für Empirische Bildungsforschung der Würzburger Julius-Maximilians-Universität von 2014. Schade, dass es diese Untersuchung zur Übertrittszeit meiner Kinder noch nicht gab, denn sie hätte mir das Gefühl gegeben, dass der große innere Druck, den wir empfanden, eine ziemlich normale Reaktion auf eine total bescheuerte Situation war.

Für die Untersuchung hatte ein Team um den Erziehungswissenschaftler Professor Heinz Reinders im Schuljahr 2012/2013 Familien in Bayern und in Hessen miteinander verglichen. Dabei kam heraus: In Hessen, wo für den Übertritt der Elternwille zählt, erlebten etwa 33,1 Prozent der Viertklasseltern die Phase der Übertrittsempfehlungen als belastend.

In Bayern aber waren es 55,6 Prozent. Und – auch das zeigten die Zahlen – der Stress fing für die Mehrheit der Eltern schon in der dritten Klasse an. Muss ich erwähnen, dass es auch den Kindern nicht gut ging?

Für Kinder in Bayern sei das Übertrittsverfahren ab der dritten Klasse belastender als für Kinder in Hessen, ein Trend, der sich in der vierten Klasse fortsetze, schreiben die Würzburger Forscher und warnen:

Der Schulübertritt und der damit verbundene Stress fällt in der dritten und vierten Klasse in eine sensible Phase bei Kindern, die in hohem Maße relevant für das Selbstkonzept der Heranwachsenden ist. Unnötiger Stress und äußere Zuschreibungen an die eigene (vermeintliche oder faktische) Leistungsfähigkeit stabilisieren sich bei Kindern und wirken gerade bei Kindern mit negativen Leistungsrückmeldungen deutlich lernhemmend.[3]

Etwas unwissenschaftlich würde ich das ungefähr so übersetzen: Kinder, die beim Übertritt nicht gut performen, schlechte Bewertungen bekommen und dabei auch noch in die Gesichter ihrer – von der Lernunterstützung überforderten – Eltern blicken müssen, leiden sehr darunter und lernen danach eher noch schlechter.

Tatsächlich gibt es auch in Bayern immer wieder Bestrebungen, die Übertrittsregelungen zu lockern – und sich in diesem Punkt anderen Bundesländern wie etwa Hessen anzunähern. So ließ beispielsweise die SPD-Landtagsfraktion 2016 juristisch prüfen, ob die auf Noten basierende verbindliche Übertrittsempfehlung überhaupt verfassungskonform ist. Nein, ist sie nicht, befand der beauftragte Gutachter. Es sei rechtswidrig und verstoße sogar gegen das Grundgesetz und gegen das Diskriminierungsverbot, wenn der Elternwille nicht berücksichtigt werde.[4]

Doch trotz aller Kritik hat sich beim Übertritt bisher nichts Wesentliches geändert. 2017 bekamen in München rund 60 Prozent aller Grundschüler eine Empfehlung für den Übertritt aufs Gymnasium. In manchen Vororten von München waren es sogar an die 85 Prozent. Das ist deutlich mehr als der Durchschnitt und hängt mit der hohen Akademikerdichte in der Landeshauptstadt zusammen. Denn – das betonen Bildungsforscher immer wieder und sind dabei alles andere als amused – Schullaufbahnen und Bildungschancen hängen in Deutschland stark vom Elternhaus ab, die meisten Kinder mit Gymnasialempfehlung haben Mütter und Väter, die ebenfalls Abitur gemacht haben. In Bayern ist dieser Zusammenhang besonders deutlich: Kinder aus Akademikerhaushalten haben eine sechsmal so hohe Chance, aufs Gymnasium zu kommen wie Kinder aus Arbeiterfamilien – fanden die Würzburger Wissenschaftler heraus.[5] Und die übertrittgeschädigte Mutter fragt sich ganz nebenbei, wie dieses Ergebnis zu den Argumenten passt, die von den Befürwortern des bayerischen Übertrittssystems immer gerne angebracht werden. Sie sagen nämlich, die bindende Empfehlung sei sozial fairer, weil Eltern aus wenig bildungsaffinen Schichten ihre begabten Kinder eher nicht aufs Gymnasium schickten – es aber täten, wenn der Lehrer das ins Übertrittszeugnis schreibe.

Doch Schluss mit dem Rätselraten. Fakt ist: Immer mehr Eltern versuchen ihre Kinder auf Biegen und Brechen ans Gymnasium zu bringen. Alle anderen Schularten gelten als Loserschulen. Wer es in München heute nicht aufs Gymnasium schafft, gehört damit erst mal zur Minderheit. Kinder wollen aber nicht zur Minderheit gehören. Sie wollen das, was die meisten tun und haben. Und Eltern, denen Bildung ein bisschen wichtig ist, wollen nicht, dass ihr Kind später schlechtere Chancen hat als die Mehrheit.

Was sich daraus ergibt, kann man sich vorstellen: Da sind Neunjährige, die auf dem Schulhof in Tränen ausbrechen, weil sie leider in der letzten Mathe-Probe nur eine Drei geschrieben haben, aber eine Zwei gebraucht hätten, um den Schnitt zu schaffen und die erste vermasselte Mathe-Probe auszugleichen.

Da sind Mütter, die mit geradezu krimineller Energie im Netz nach Proben suchen, die vielleicht nächste Woche drankommen könnten. (Eine Freundin hatte damals sogar zweimal einen Treffer bei den Diktaten, aber ich fürchte, in der Familie wurde tagelang nicht eingekauft, nicht geduscht und nicht gekocht – denn es gab sehr viele potenzielle Viertklassdiktate im Netz.)

Da sind Väter mit juristischem Staatsexamen, die Lehrer unter Hinzuziehung einschlägiger Paragrafen dazu bringen wollen, die Fehlerzahl in der HSU-Probe über die Bundesländer und ihre Hauptstädte noch mal zu überdenken.

Und da sind Kultusminister, die gebetsmühlenartig wiederholen, der Übertritt sei keine endgültige Entscheidung, man könne schließlich später noch von der Mittelschule auf die Realschule oder sogar aufs Gymnasium wechseln.

Das stimmt, theoretisch. Aber wir Eltern wissen auch: In der Praxis ist das mit der Wechselei nicht so einfach – zum Beispiel wegen der Sprachen, die an den unterschiedlichen Schulen häufig ganz unterschiedlich angeboten oder in umgedrehter Reihenfolge unterrichtet werden. Wegen der Profilfächer und der Musikklassen und überhaupt: Haben die Kinder erst mal irgendwo Wurzeln geschlagen und ihren Platz in der Klasse gefunden, wollen sie meistens nicht wieder weg.

Was bleibt, ist das miese Gefühl, dass die Kinder zum ersten Mal ausgesiebt werden, wenn sie gerade neun oder zehn Jahre alt sind. Zu einem Zeitpunkt, an dem noch kein Mensch wissen kann, was wirklich in ihnen steckt. Nicht umsonst wird in fast allen anderen europäischen Ländern – und auch in manchen deutschen Bundesländern – länger gemeinsam gelernt.

Wir hatten zwei sehr unterschiedliche Übertrittsphasen und dabei die Wahl zwischen Pest und Cholera. Beides hat unsere Familie in eine Art Ausnahmezustand versetzt, und es hat danach eine ganze Weile gedauert, bis wir uns regeneriert hatten.

P wie »Pest« – oder wie »Probeunterricht«

Für Greta hätte es eigentlich in der Vierten sehr entspannt sein können. Weil sie auf einer Montessorischule war, fand das ganze strenge Übertrittsprozedere bei ihr nicht statt. Der Preis dafür: Montessorischulen sind in Bayern nicht staatlich anerkannt, und wer auf einer Schule ohne staatliche Anerkennung ist, kann nach der Grundschule nicht einfach zurück auf eine weiterführende staatliche Regelschule. Gretas Zwergschule endete mit der vierten Klasse. Danach hätte sie auf einer Montessorischule am anderen Ende der Stadt weitermachen können, zunächst bis zum Hauptschulabschluss.

Das wollte sie nicht. Und deshalb musste sie am sogenannten Probeunterricht teilnehmen. Zusammen mit den Kindern von der Regelschule, die in ihren Übertrittszeugnissen eine Empfehlung hatten, mit der sie nicht einverstanden waren.

Für alle, die nicht in Bundesländern mit Probeunterricht wohnen: Hinter diesem hinterlistig geschönten Wort steckt kein Unterricht, sondern eine knallharte Prüfung: Hat man sich für eine Schule entschieden, wird das Kind drei Tage lang getestet und befragt: in Mathe, Deutsch-Aufsatz, Deutsch-Sprachbetrachtung, Leseprobe ... und mündlich. In einer fremden Schule. Mit fremden Kindern. Von fremden Lehrern. Zum Teil wird Stoff behandelt, den die Kinder im Unterricht noch gar nicht hatten.

Wie die Chancen sind, dass man besteht? Bescheiden. Von jenen, die den Probeunterricht für die Realschule machen, fallen oft drei Viertel der Bewerber durch. Bei den Bewerbern fürs Gymnasium bestehen etwas mehr.

Eine Bekannte, die Direktorin an einer Realschule ist, erzählte mir, dass sie die Probeunterrichtstage im Mai immer hasse: »Da drehen wir drei Tage lang diese neun- und zehnjährigen Kinder durch die Mangel. Und die rufen mir dann zum Abschied ganz aufgekratzt und erleichtert zu: ›Frau Müllermeier, wir sehen uns nach den Ferien!‹ – und ich weiß dann schon immer vorher: Nein, wir sehen uns wahrscheinlich nicht nach den Ferien. Das finde ich jedes Mal bitter. Das tut mir richtig weh. Die haben sich angestrengt, und dann heißt es: Reicht nicht.«

Meine Freundin Mona, die zur Zeit an einer Münchner Grundschule in einem »guten« Stadtteil mit geförderten Kindern unterrichtet, hatte zum Thema Probeunterrichtsschikane eine ähnliche Geschichte auf Lager:

»In meiner Klasse sind 24 Kinder, die meisten sind ziemlich fit. Und deshalb schaffen jetzt auch 19 (!) von ihnen den Schnitt fürs Gymnasium. Aus Spaß habe ich mit denen neulich einen Mathetest aus dem letztjährigen Probeunterricht geschrieben.

Ergebnis: Von meinen 24 wirklich schlauen Kindern hätten zwei bestanden. Noch Fragen?«

Na, das machte Mut!

»Greta würde im Moment auf die Realschule passen«, sagte die Klassenlehrerin in der Mitte der vierten Klasse.
Realschule also. Kein Gymnasium. Dachte ich mir schon.
Der Mann sagte: »Realschule ist super, da war ich auch.«
Die Oma sagte: »Kann ja nicht jeder Akademiker werden.«
Ein Freund sagte: »Realschule? Habt ihr euch das gut überlegt.«
Eine andere Freundin sagte: »Na ja, Hauptsache, sie wird glücklich.«

Ich sagte nichts. Ich hatte komische und ziemlich doofe Gefühle, die ich erst viel später in eine richtige Reihenfolge bringen konnte (mehr dazu ab Seite 95). Damals hatte ich keine Zeit, mein Innenleben zu sortieren. Ich musste ganz schnell einen Beschluss fassen, und zwar folgenden: Ich beschloss, dass

Greta zu den 25 Prozent gehören würde, die den Probeunterricht bestehen. Und dann engagierte ich Mona.

So kam es, dass die beiden immer samstags und manchmal auch mittwochs an unserem Wohnzimmertisch saßen, Würfelnetze hin- und herdrehten, sich Reizwortgeschichten ausdachten und herauszufinden versuchten, wie alt Peter ist, wenn er doppelt so alt ist wie Udo und nur halb so alt wie Max, alle zusammen aber 45 sind. Und wie viele Strohballen ein Laster auf seine Ladefläche kriegt, wenn die eine Fläche von fünf mal drei Metern hat, der Laster aber unter einer Brücke durchmuss, die nur drei Meter hoch ist.

Der Kindsvater und ich kümmerten uns derweil um das Schulcasting. Schulcasting ist ein lästiges Übel, wenn man in der Großstadt wohnt, und geht so: Jede Schule, die etwas auf sich hält, macht einen Infoabend für die neuen Fünftklässler: Sie hübscht sich auf und stellt sich vor und macht sich dabei ein bisschen toller, als sie ist – das ist wie mit den photogeshopten Bildern auf Instagram: Plötzlich haben alle Schulen eine ausgezeichnete psychologische Betreuung, perfekt rhythmisierten Ganztagsunterricht, also einen Ganztagsunterricht, bei dem sich Unterricht, Lernzeiten, Pausen oder alternative Aktivitäten den ganzen Tag über abwechseln, damit die Kinder zu Höchstleistungen auflaufen können. Sie haben tolles, ausgewogenes Mittagessen und eine Schulband, die fröhlich allen Schulkummer wegtrommelt.

Die Eltern, die sich für die Schulen interessieren und meist sehr zahlreich in der Aula erscheinen, melden sich bei den Infoabenden und stellen möglichst originelle Fragen. Das mit dem »originell« ist wichtig, denn so bleiben sie in Erinnerung für den Fall, dass sie sich – man weiß ja nie – später für die Schule entscheiden und hoffen, einen Platz zu bekommen.

In München gibt es wie in anderen Großstädten ziemlich viele Schulen, vor allem ziemlich viele Gymnasien. Und ich kenne Leute, die tatsächlich zehn Schul-Infoabende geschafft haben.

Die Auswahl an Realschulen ist deutlich kleiner. Wir schauten uns drei an. Und entschieden uns dann ziemlich schnell für eine Mädchenrealschule (mehr zu dieser besonderen Schulform ohne Jungs ab Seite 168).

Das Schulgebäude machte einen sehr guten Eindruck, die Lehrer auch. Die Schule bot zwei Sprachen an, was, so wurden wir informiert, wichtig sei, wenn das Kind später vielleicht doch noch Abi machen wolle. Es gab Umweltprojekte, Bienen im Schulgarten und viel soziales Engagement. Außerdem war sie in der Nähe.

Trotzdem wären wir im letzten Moment fast noch abgesprungen, denn als wir am Infoabend die Frage stellten, wie es denn sei mit dem Übergang von einer Montessori-Schule und dem Probeunterricht, fiel dieser Satz: »Wir brauchen Noten. Noten. Noten.« Das klang irgendwie schrecklich brutal. Und doch: Es war wenigstens ehrlich und eine ziemlich gute Zustandsbeschreibung für das, was wir gerade erlebten.

Irgendwann in dieser Zeit war das Übertrittsprozedere auch dem Zweiten Deutschen Fernsehen eine ganze lange Sendung wert: In der von mir sehr geschätzten Doku-Reihe »37 Grad« wurden vier Grundschüler porträtiert, die mit ihren Müttern – ja es waren vier Grundschüler und kein einziger Vater – für den Übertritt und den Probeunterricht übten. Der Titel war nicht gerade geeignet, um mich zu beruhigen: Er lautete »Das Jahr der Entscheidung«.[6] Mehr Drama ging nicht.

Jeder, der sich das anschaute, musste denken: Spinnen die eigentlich, zehnjährige Kinder so zu triezen? Ich dachte es auch. Gleichzeitig wurde mir mal wieder klar: Ich war nicht allein.

An die Nacht vor dem Probeunterricht erinnere ich mich noch gut. Greta wälzte sich im Bett hin und her. Und ich auch. Ich grübelte, was passieren würde, wenn sie den Probeunterricht nicht bestand. Und ich merkte: Mehr als die Hauptschule schreckte mich inzwischen das Signal, das für sie von einer Niederlage ausgehen würde: »Wieder nicht geschafft!« Und bei der nächsten Herausforderung: Noch mehr Angst! Zusammen tranken wir in der Küche Schlaf- und Nerventee. Ich drückte ihre Hand. Am nächsten Tag sagte ich zu meinem Mann: »Bring du sie hin, ich kann das nicht.«

Mein Mann, wie gesagt ein eher entspannter Zeitgenosse, sagt heute aus seiner Erinnerung, dass auch er diese Tage als ziemlich furchtbar empfand. Er habe damals, während er bei den einzelnen Prüfungen darauf wartete, dass Greta aus dem Prüfungsraum kam, sogar jedes Mal eine geraucht – obwohl er sich das Rauchen längst abgewöhnt hatte.

Er erinnert sich auch noch daran, dass das Kind am ersten Tag schon mittelmäßig verzweifelt gewesen sei, weil es im Aufsatz über die Inuit die Überschrift vergessen hatte. Wie er dann sagte, den Eskimos sei es total egal, ob sie eine Überschrift hätten oder nicht. Und wie Greta ihm dann antwortete: »Man darf nicht Eskimos sagen. Eskimo ist ein Schimpfwort.« Und im Übrigen hätte die Überschrift doch sehr gut heißen können: Kalt erwischt!

Da hat sich mein Mann noch eine angesteckt.

Drei Tage später war der Spuk vorbei. Greta hatte bestanden. Für uns Eltern war es ein Triumph über die Welt der Würfelnetze, der Sachaufgaben, der erweiterten Infinitive und eine viel zu frühe Selektion. Für Greta war es vor allem ein Sieg über die Angst.

C wie »Cholera« – oder wie »Check das, aber schnell!«

Ida, unsere zweite Tochter, ging, wie Sie bereits wissen, auf die normale Grundschule. Deshalb hatten wir jetzt den ganz normalen Übertrittswahnsinn in der Vierten. Man könnte auch sagen: Eine Klassenarbeit jagte die nächste. Ich kann mich nicht mehr ganz genau erinnern – aber ich meine, allein in Deutsch waren es zwölf – zwischen Oktober und April.

Der Übertrittswahnsinn ist ein gutes Geschäftsmodell. Es gibt ganze Übungsbuchreihen, die Eltern im Hilfslehrermodus ans Herz gelegt werden. Die Reihe unserer Wahl hieß: *Das ultimative Probenbuch.*[7]

Ida gefiel das, weil vorne ein Pferd drauf war. Mir gefiel es, weil es schön übersichtlich beispielhafte Proben aus anderen Übertrittsjahren vereinte und ich als Hilfslehrerin im nun schon siebten Berufsjahr schnell checkte, was die Grundschullehrerin gerade auf dem Lehrplan stehen hatte. Ein Exemplar kostete 16 Euro. Wir hatten drei: eins für Mathe, eins für Deutsch, eins für HSU.

Außerdem gab es noch Online-Portale, auf denen Lehrer alte Proben eingestellt hatten, die man gegen Gebühr einsehen konnte. Das erfuhr man im Netz, wenn man Lust hatte, die langen Threads anderer Hilfslehrer-Mütter durchzuackern.

Ich hatte keine Lust, aber mit zwei Gläsern Rotwein ging's, und ich danke »Wirsindgaga« auf diesem Wege für den Tipp mit der digitalen Schulaufgabensammlung »Catlux«.

Auf Festen traf ich viele Eltern, die auch Kinder in der vierten Klasse hatten. Bei Nudelsalat und Brezn konnte man sich stundenlang über den Übertritt unterhalten und erfuhr von manchen Müttern, dass sie im Job jetzt sogar extra noch mal die Stunden reduziert hatten, um ihren Kindern mehr helfen zu können. Und alle, bei denen es nicht glattlief, haderten.

Typische Partygespräche klangen dann so:

MUTTER 1: *»Na, heute mal nicht lernen?«*
MUTTER 2: *»Doch, wir hatten heute schon die Satzglieder. Und zwei Diktate zur Mitlautverdoppelung.«*
MUTTER 3: *»Wisst ihr, wie viele Proben noch bis zu den Faschingsferien geschrieben werden?«*
MUTTER 2: *»Na, also auf jeden Fall noch ein großer Aufsatz und ich glaube Religion und irgendwas in Musik.«*
MUTTER 1: *»Religion und Musik zählen ja nicht. Aber Aufsatz, uh, das kann meiner ja gar nicht. Stell dir vor: Neulich war doch das Thema ›Made in Germany‹ und da schreibt mein Sohn einen Text über irgendwelche Spinnenlarven, die mit dem Schiff in der Bananenkiste aus Afrika nach Deutschland gekommen sind.«*
MUTTER 3: *»Hä?«*
MUTTER 1: *»Ja, der dachte bei ›made‹ an eine ›Made‹. Ich meine, da fragt man sich doch als Mutter, ob man irgendwas versäumt hat. Ob man zu wenig vorgelesen hat. Oder am Mittagstisch die falschen Gespräche führt.«*
MUTTER 2: *»Ist aber irgendwie originell, die reiselustige Made. Da würde ich ja schon für den Einfall ein paar Pluspunkte geben.«*
MUTTER 1: *»Ist aber falsch. Thema verfehlt. Wurde eine Vier. Geht jetzt gar nicht, so kurz vor dem Übertritt.«*

Und nein, es handelte sich bei der Maden-Mutter nicht um eine Hilfslehrerin, die alles zum ersten Mal erlebte. Sondern es war eine vierfache Mutter, die gar keine Zeit zum Überbehüten hatte – denn der Sohn war Kind Nummer drei.

Und ja, nach solchen Gesprächen hätten wir alle immer kollektiv heulen können. Wieso muss ein Viertklässler, der noch gar kein richtiges Englisch hatte und vielleicht auch nicht die »Made in Germany«-Schimpansenwerbung von Trigema schaut, wissen, dass »made« das Partizip des englischen Worts »make« ist und auf Deutsch »gemacht« heißt? Und warum wird eine höchst originelle Idee von einem verirrten Wurm mit Vier bewertet?

Warum wir uns damals nicht wehrten?

Manche versuchten es. Ich erinnere mich an eine Mail, die uns zu einer Demonstration in der Münchner Innenstadt einlud: Man wolle auf die Missstände im Schulsystem aufmerksam machen – auf den Übertrittsstress, auf die völlig übereilte Einführung des achtstufigen Gymnasiums, auf vollgestopfte Lehrpläne und veraltete Lehrmethoden.

Der Mann ging hin, und als er zurückkam, sagte er: »Das war traurig, es waren höchstens 50 Leute da.« Was!? Gab es in München nur 50 Leute, die Stress mit der Schule hatten?

Sicher nicht! Die Crux bei Veränderungen im Bildungs- und Betreuungssystem ist aber die: Wenn sie stattfinden, dann dauert das Jahre, wenn nicht Jahrzehnte. Und weil Kinder in der Zeit weiterwachsen, profitiert der, der sich engagiert, selbst nicht mehr davon, weil die eigenen Kinder dann schon wieder in einer anderen Phase sind und sich neue Missstände auftun.

So schrieb ich im Jahr 2000 einen wütenden (und nicht abgeschickten) Brief an den Münchner Bürgermeister, weil die Wahrscheinlichkeit, in München einen Krippenplatz zu bekommen, damals nur unwesentlich größer war als die, dass sich zwei parallele Geraden schneiden.

»Herr Ude«, wollte ich den Bürgermeister fragen, »was soll ich jetzt mit meinem Job machen, wenn es niemanden gibt, der mein Kind betreuen kann?« 2013, also über zehn Jahre später, kam dann der Rechtsanspruch auf einen Krippenplatz, aber da war Greta schon 13, und Ida war zehn, und wir suchten einen Hortplatz. Doch davon gab es 2013 noch weniger als im Jahr 2000 Krippenplätze.

Mit der Schule ist es genauso: Wer sich für einen humaneren Übertritt einsetzt, erlebt vielleicht fünf Jahre später, dass die SPD im Landtag sagt: »So geht es nicht weiter. Hört auf, die Kinder zu stressen, lasst die Eltern mitreden ...« – und sich noch ein paar Jahre später vielleicht auch damit durchsetzt. Aber dann hat das eigene Kind schon Mittlere Reife.

Ja, das mit dem Weltverbessern dauert – und deshalb übt man im Fall der Fälle dann eben doch lieber die Reizwortgeschichte, statt demonstrieren zu gehen. Und lässt auf der nächsten Party Dampf ab.

Neben den aufgeregten Müttern gab es natürlich auch die anderen Eltern. Die, die gut klarkamen. Und alles ganz locker nahmen, weil ihr Kind schon alles konnte und wahrscheinlich auch schon vor der Schule die Zutatenliste vom Joghurt vorgelesen hatte: »Also, wenn der um vier Uhr aus dem Hort kommt, ist er fertig – ich muss mich da um gar nichts kümmern. Und den Schnitt schafft er locker – ist ja auch kein Hexenwerk.«

Ob das stimmte oder ein bisschen angegeben war, konnte ich nicht beurteilen. Was ich aber merkte: Ich beneidete diese Mütter und Väter glühend um ihre Souveränität. Denn die hätte ich auch sehr gerne gehabt. Wenn ich sie auf Schulhöfen und Sommerfesten traf, fühlte ich mich unterlegen und schlecht. Und meistens musste ich dann immer ganz schnell »Tschüs« sagen – um nicht blöde zickige Bemerkungen zu machen und mich hinterher selbst doof zu finden. Wenn ich genauer darüber nachdachte, dann kam ich zu dem Schluss: Ich fühlte mich den Müttern der Schnellchecker-Kinder vermutlich genauso unterlegen wie meine Kinder den guten Mitschülern, wenn sie selbst schlechte Noten kassierten.

Im Jahr von Idas Übertritt kam es in unserem Wohnzimmer zu tumultartigen Szenen – zum Beispiel, wenn ich für Ida den Wasserkreislauf mit Kaplasteinen (Wasserkraftwerk), kleinen Zettelchen (*Merke: Wenn Wasser aufsteigt, heißt das Kondensation*) und Wattebäuschen (Wolken) auf dem Fußboden nachgebaut hatte. Oder ich hatte ein hübsches Bilderrätsel zum Thema europäische Länder und ihre Hauptstädte gebastelt und inklusive der Flaggen auf dem Fußboden ausgelegt. Und dann riss der Gatte die Tür auf, ließ den Wind rein, und die moldawische Flagge flog zum Fenster raus, unter das Sofa oder in die Schüssel mit dem Lieblingsschokopudding, der als Anreiz auf dem Tisch stand: »Wenn du 20 Hauptstädte weißt, gibt's was Leckeres.«

Überhaupt, der Gatte, selber ein ehemals fränkischer Grundschüler, fand das Ganze mal wieder weniger dramatisch als ich. »Du wirst sehen, die schafft das«, wiederholte er mantraartig, während ich die Republik Moldawien unter dem Sofa suchte. »Außerdem gibt es heute viele Wege zum Erfolg. Wenn du zum Beispiel eine Lehre machst und dann Friseurmeisterin wirst, kannst du danach studieren.«

Ich fand dann immer, er klang ein bisschen wie ein Abgesandter des Kultusministeriums, der sein rigides System und das Geeiere zwischen dem acht- und neunstufigen Gymnasium zu rechtfertigen versuchte.

»Und«, sagte ich, »weißt du was Chişinău ist, weiß das die Friseurmeisterin mit Uniambitionen?? Nee, oder! Aber deine neunjährige Tochter, die muss wissen, dass das die Hauptstadt von Moldawien ist.«

Ein Thema der vierten Klasse waren übrigens auch die Kinderrechte. Ida hatte alle Kinderrechte mit schwarzem Filzstift auf ein Blatt geschrieben und als Präambel an ihre Tür gehängt.

Als ich sie einmal abfragen wollte, entdeckte ich ein neues Kinderrecht. Sie hatte es groß und in Rot mit auf ihre Liste aufgenommen:

Kinder haben ein Recht auf Tschillen. Jetzt!

Ein anderes Mal drückte sie mir nach einer Klassenfahrt ein Päckchen Tee in die Hand. Es hatte oben eine rote Schleife und war aus kontrolliert biologischem Anbau. Ida hatte es im Hofladen des Schullandheims gekauft und ihr ganzes Taschengeld dafür ausgeben. Denn es handelte sich nicht um irgendeinen Tee, sondern um »Gute-Laune-Tee«. Und ich ahnte, was in ihr vorging: Sie hoffte auf die magischen Kräfte von Apfelminze, Erdbeer-, Kornblumen- und Sonnenblumenblättern. Bei ihr. Und bei mir. »Ach, wenn es doch so einfach wäre«, dachte ich damals. Und war gerührt und traurig zugleich.

Irgendwann im April war es dann vorbei. Die letzte Probe war geschrieben. Ida hatte es bis zum Schluss spannend gemacht. Ihre Noten gingen auf und ab. Zeitweilig sah es nach Hauptschule aus. Zum Schluss kam ein Durchschnitt von 2,3 raus – Gymnasium, ganz knapp.

Beim Abschlusssommerfest war auch die Lehrkraft aus der ersten Klasse da – die, die prophezeit hatte: »Es wird ein hartes Stück Arbeit, sie auf die Realschule zu bringen.« Sie sagte: »Ida, du hast mich am meisten überrascht. Das hätte ich dir gar nicht zugetraut!« Und ich dachte: »Ich mir auch nicht.«

Zwei Wochen später meldeten wir Ida in der weiterführenden Schule an. Und zwar in der Realschule. Es war genau die Schule, auf der auch schon Greta war. Ida nahm uns diese Entscheidung sehr übel. Als wir von der Einschreibung kamen, trat sie vor Wut und vor Enttäuschung in echter Ida-Manier gegen das Armaturenbrett unseres Autos. Die tiefe Schramme hat uns noch jahrelang an das Übertrittsdrama erinnert.

Warum wir uns damals so entschieden haben? Wir hatten es uns nicht leicht gemacht. Zwei Abende diskutiert. Mit Ida gesprochen. Mit Lehrern und mit den Schulleitungen. Doch dann hörten wir auf unseren Bauch – und der hatte gesagt: Die 2,3 im Übertrittzeugnis war hart erkämpft. Und wir wollten nicht, dass es so weiterging. Wir wollten unser Kind nicht durch eine Schulform treten, die vielleicht eine Nummer zu groß für sie war. Wir wollten, dass dieser Irrsinn aufhörte. Und alles ein bisschen leichter wurde. Auch für uns Eltern.

Heute denke ich manchmal: Vielleicht war das ein Fehler. Vielleicht hätte Ida es ausprobieren müssen. Und auch, wenn sie möglicherweise schon in der Unterstufe des Gymnasiums gescheitert wäre: Sie wollte mit Maja und Lena und Max auf die gleiche Schule. Und zwar aufs Gymnasium. Sie wollte einmal zu den Guten gehören.

Jetzt mal mit Abstand: Warum haben wir Mittelschichtseltern eigentlich heute so eine Schulpanik?

Eltern in Aufregung, Viertklässler im Mega-Stress und Lehrer, die jedes Jahr aufs Neue Dramen miterleben müssen, weil es fürs Gymnasium nicht reicht: Menschen, die keine Kinder haben, werden angesichts dieser Gemengelage nur verständnislos den Kopf schütteln. Menschen, die wie ich Kinder haben, auch. Nämlich dann, wenn sie es schaffen, mal einen Schritt zurückzutreten und von oben auf das ganze Szenario zu schauen.

Dann frage ich mich nämlich unwillkürlich: Was ist passiert zwischen 1970 und 2018? Warum hat sich die Schule so verändert? Oder nein, richtiger müsste die Frage heißen: Warum hat sich unser Gefühl mit Blick auf die Bildung und Ausbildung unserer Kinder so verändert? Hat das damit zu tun, dass wir unsere eigene Schulzeit im Rückblick verklären? So, wie wir auch gerne unsere eigene Kindheit verklären, wenn wir unseren Söhnen und Töchtern die Geschichten aus Bullerbü vorlesen und so tun, als hätten wir früher immerzu draußen gespielt: frei, unbeaufsichtigt, glücklich, mit verschrammten Knien in Sommern, die natürlich heiter und sonnig und noch nicht vom Klimawandel getrübt waren ...

Waren unsere Eltern wirklich gelassener – und standen wir Schüler weniger unter Druck? Früher gab es schließlich auch Noten und Selektion und noch ein bisschen früher sogar Rohrstöcke.

Ja, das stimmt! Trotzdem sind sich die meisten von uns, die jetzt Kinder in der Schule haben, einig: So ein Zirkus, so viel

Angst, so viel Aufgeregtheit war früher nicht. Und unser Gefühl kommt nicht von ungefähr.

Schaut man sich die Bildungswege der heutigen Mittelschichtseltern an, dann zeigt sich: Früher ging es für viele von uns vor allem in eine Richtung: nach oben. Viele Mütter und Väter, die heute in ihren Vierzigern oder Fünfzigern sind, haben erlebt, dass sie selbst bessere Bildungsabschlüsse bekamen als ihre eigenen Eltern. Das mag zum Teil an den brüchigen Bildungsbiografien der Kriegsgeneration gelegen haben. Vor allem aber lag es daran, dass in den Siebziger- und Achtzigerjahren des letzten Jahrhunderts diverse Schulreformen dazu beitrugen, dass das Bildungssystem durchlässiger wurde.

Doch dann, um die Jahrtausendwende, kam der PISA-Schock. Und als sich die aufgeschreckten Bildungsforscher daraufhin das deutsche Schulsystem genauer anschauten, stellten sie fest: Es gibt im europäischen Vergleich kaum ein Land, in dem der Schulerfolg eines Kindes so stark vom Elternhaus abhängt wie bei uns. Schlimmer noch: Das deutsche Schulsystem, so konstatierten sie, baue soziale Ungerechtigkeiten heute nicht mehr nur nicht ab, sondern transportiere sie von Bildungsstufe zu Bildungsstufe und verstärke sie sogar.[8]

Unser Schulsystem scheint inzwischen also selektiver denn je. Das ist absurd in einer Zeit, in der Fachkräftemangel herrscht – und in der die »aussortierten«, schlecht qualifizierten Kinder später fehlen werden oder durch Fachkräfte aus dem Ausland ersetzt werden müssen.

Nach Ansicht von Heinz Bude, Soziologieprofessor und Autor des Buches *Bildungspanik*, liegt diese verstärkte Selektion vor allem an zwei gesellschaftlichen Entwicklungen: *Eine Dramatisierung der Lage an den Rändern, wo sich Bildungsghettos entwickelt haben, und die Ausbreitung einer sozialen Abschottungsbewegung in der Mitte, die vor allem in der Verteidigung von Bildungsreservaten für die Kinder der Besserverdienenden und Höhergebildeten zum Ausdruck kommt.*[9]

So sieht Bude den Run auf die Gymnasien auch als einen Versuch der Mittelschicht, sich abzugrenzen gegen weniger bildungsbewusste Schichten – vor allem nachdem viele der heute gut ausgebildeten Eltern sich selber einiges für den Aufstieg hätten abverlangen müssen und Bildung ein Teil der eigenen Identität geworden sei.

Man könnte, so schreibt Bude über uns schulverunsicherte Mittelschichtseltern, *sie zur »neuen Mitte« derer zusammenfassen, die von der Bildungsexpansion der 1970er und 1980er Jahre profitiert haben. Die Allermeisten von ihnen sind heute, was Bildung, Beruf und Einkommen betrifft, privilegiert, aber sie hegen stille Zweifel, ob ihre Kinder die Statusposition ihrer Herkunft werden halten können.*[10]

Viele der gestressten Eltern, so der Soziologe, hätten kein großes Vermögen oder Besitz, sondern vor allem »Wissenspatente« in den Unternehmen, für die sie arbeiten: *Man weiß, wie es läuft, und kennt die kleinen Unterschiede, mit denen man sich zur Geltung bringt (...) Aber wenn eine Unternehmensberatung durch den Betrieb geht oder das Unternehmen den Besitzer wechselt, kann das schnell eine Umsetzung oder gar eine Freisetzung in den mittleren Rängen zur Folge haben.*[11]

Anders ausgedrückt: Die Aufsteiger von damals haben heute in der Mehrheit keine Höfe und keine Firmen. Sie sind Abteilungsleiter. Oder in einer mittleren Führungsposition. Vielleicht auch Ingenieurin oder Webdesigner mit Insiderwissen. Weil das aber alles nichts Vererbbares ist, ist das Wichtigste, was sie ihren Kindern mitgeben können, eine gute Erziehung und eine solide Ausbildung.

Dabei, so Soziologe Bude, nehme das Bildungssystem besonders den erwerbstätigen Eltern, die beide einen guten Beruf haben, die Wert auf gute Manieren, gutes Essen und gute Bücher legen, nichts ab. *Diese Mehrheit der bildungsbestrebten Eltern konstatiert eine beängstigende Steigerung von Leistungsanforderungen und von Zertifizierungsdruck im Bildungssystem und fühlt sich mit diesem zusätzlichen Erziehungsstress völlig allein gelassen.*[12]

So würden sie geradezu dazu getrieben, wie aus dem Helikopter den Bildungsweg der eigenen Kinder zu unterstützen und zu überwachen.

Am energischsten sind diejenigen, die den Mangel an Besitz durch den Gewinn von Bildung ausgleichen wollen. Also nicht die Reichen und Mächtigen, sondern die Bildungsbeflissenen und Dienstfertigen sind für die ›Überhitzung‹ des Bildungssystems verantwortlich.[13]

Sind wir also selbst schuld an dem Stress, unter dem wir und unsere Kinder leiden?

Einerseits: Ja. Denn mit unseren immer intensiver betriebenen Abgrenzungsbestrebungen tragen wir dazu bei, dass der Aufwand für die Förderung unserer Kinder immer höher wird. Indem wir alles dafür tun, dass unsere Kinder aufs Gymnasium gehen, entwerten wir andere Schulformen und Abschlüsse. Zumal sich in den letzten Jahren ein Trend entwickelt hat, bei dem mitunter selbst das »normale« Gymnasium nicht mehr mithalten kann: Immer mehr Eltern schicken ihre Kinder auf Eliteschulen. Oft handelt es sich dabei um Schulen für besonders sportliche oder musisch begabte Kinder. Oder um internationale Schulen, auf denen man nicht mit dem Abitur abschließt, sondern mit einem International Baccalaureate (IB), das auf eine internationale Karriere vorbereiten soll. So stellten Bildungsforscher fest, dass sich die Zahl der Internationalen Schulen seit dem Jahr 2000 etwa verdoppelt, die der bilingualen Gymnasien sogar verdreifacht hat.[14]

Andererseits sind wir aber wohl auch Opfer: Denn parallel zu unseren Abgrenzungsbestrebungen scheint sich die Schule daran gewöhnt zu haben, dass wir zu Hause helfen und einen Teil der Arbeit machen, die eigentlich zum Lehrerjob gehört.

Die Schule fordert diese Mithilfe inzwischen geradezu ein. Durch immer dichtere Lehrpläne und zwischenzeitlich verkürzte Schulzeiten im achtzügigen Gymnasium reicht die Zeit im Unterricht nicht mehr zum Üben. Das meiste wird nur angerissen, vielleicht bekommen die Kinder noch Hinweise, wo sie das Übungsmaterial finden. Doch die Lernarbeit muss dann zu Hause stattfinden. Und sie ist in der Regel umso erfolgreicher, je mehr das Kind von den Eltern unterstützt wird. Zumindest in den unteren Klassenstufen.

Dass dieser Eindruck nicht nur das Gefühl Einzelner ist, stellt auch eine groß angelegte sozialwissenschaftliche Untersuchung mit dem Titel *Eltern – Lehrer – Schulerfolg* fest, die vor einigen Jahren von der Katholischen Stiftungsfachhochschule München durchgeführt wurde – und zwar für die Konrad-Adenauer-Stiftung und das Bundesministerium für Familie, Senioren, Frauen und Jugend.[15]

Forscher führten dazu bundesweit mehrere Hundert mehrstündige Interviews mit Lehrern und Lehrerinnen und mit Müttern und Vätern aus verschiedenen sozialen Milieus.

Fast alle der befragten Eltern – und allen voran die Gymnasialeltern – bestätigen das Gefühl, die derzeitige Schulkultur in Deutschland mache sie zu pädagogischen Handlangern. Und in der Schule werde wie in einer »Wissensvermittlungsagentur« nur noch herausgegeben, was zu Hause vertieft werden müsse.

Diese Entwicklung ist offenbar vor allem durch die schlechten PISA-Ergebnisse befeuert worden. Denn danach hieß es: Deutsche Kinder müssen aufholen, um in der globalen Welt mithalten zu können. Sie müssen mehr, schneller, effizienter lernen.

Die Autoren der Studie stellten weiter fest, dass sich viele von uns Eltern durch die Schule stark belastet und unter Druck gesetzt fühlen:

Die herrschende Schulkultur bindet die Eltern ungefragt ein, fordert sie und setzt sie auch moralisch unter Druck, für den Schulerfolg ihrer Kinder tätig zu werden: »Das müssen Sie tun.« Eltern, die sich diesem »Unterstützungszwang« entziehen, sehen sich zunehmend unter Rechtfertigungsdruck und in einer Verteidigungshaltung.[16]

Und das bedeutet im Umkehrschluss auch: Schlechte schulische Leistungen der Kinder werden ziemlich schnell auch mit schlechter elterlicher Förderung und mangelnden Ressourcen im Elternhaus in Verbindung gebracht. Dabei wird vergessen, dass auch noch eine ganze Reihe anderer Faktoren eine Rolle spielen bei der Frage, ob Schule gelingt: Neben der intellektuellen Leistungsfähigkeit eines Kindes ist da zum Beispiel das Schulklima, das Lehrerverhalten, die Leistungsmotivation, Neigungen, die das Kind mitbringt, und vor allem in der Pubertät auch die Freunde des Kindes und deren Haltung gegenüber der Schule.

Und wer nun die Frage stellt, was zuerst da war: Eltern, die fördern, helfen, üben oder eine Schulkultur, die Mütter und Väter immer mehr miteinbindet, stellt fest: Diese Frage lässt sich schwer beantworten. Wahrscheinlich hat sich über die Jahre beides gegenseitig hochgeschaukelt.

Was die meisten von uns Eltern aber sagen können, ist so viel: Es ist schwer das, was die Schule von uns verlangt, zu leisten. Und vor allem ist es schwer, dabei den Familienfrieden zu wahren.

So kommt auch die oben genannte Studie zu dem Ergebnis, dass sich Eltern nicht selten vor die Entscheidung gestellt sahen, Prioritäten setzen zu müssen: *möglichst viel Bildung/gute Noten für das Kind* oder *ein harmonisches, entspanntes Familienleben.* Es sei für viele eine große Herausforderung, hier eine Balance zu finden, so die Studie.[17]

Macht man sich das alles klar, wird auch verständlicher, warum Schule für viele von uns Mittelschichtseltern heute so schwierig geworden ist und uns viel mühsamer vorkommt als damals zu unserer eigenen Schulzeit. Man versteht, warum wir Eltern uns gegenseitig argwöhnisch beäugen und uns fragen: »Machen die anderen mehr mit ihren Kindern als wir? Haben die Kinder dadurch Startvorteile? Muss ich auch mehr machen? Mehr erklären, mich mehr engagieren?«

Bildung, so schlussfolgerten die Studienleiter der *Eltern – Lehrer – Schulerfolg*-Untersuchung, bedeute für uns nicht mehr in erster Linie: »Damit können meine Kinder aufsteigen.« Sondern vor allem: »Damit verringere ich das Risiko meiner Kinder abzusteigen.« So sei aus den Bildungschancen von früher ein Bildungszwang, eine Bildungspflicht geworden.[18] Wie gut wir Eltern unsere Bildungspflicht erfüllen, zeigen die Zeugnisse unserer Kinder.

Und während die begüterten Eltern der Oberschicht die außerschulische Förderung ihrer Kinder meist delegieren und mit Geld bezahlen und einfacher gebildete Eltern oft resignieren angesichts des Schulstoffs, für den sie schlicht keine Zeit haben (weil nämlich beide Eltern Vollzeit arbeiten müssen, um den Lebensunterhalt zu bestreiten), müssen wir Mittelschichtseltern selber ran. Wir müssen unsere Kinder motivieren, antreiben, trösten und wiederaufrichten, damit sie mithalten können. Wir sollen fördern, aber bitte keinen Druck machen – eine fast unmögliche Kombination.

Das macht ärgerlich. Das macht müde. Das macht traurig, weil wir uns fragen: »Wo bleibt die Bildungsgerechtigkeit? Wo bleiben bei dieser ganzen Lernerei der Spaß, die Kindheit, die Unbeschwertheit und das Schöne am Familienleben?« Und wenn die Anstrengungen nichts helfen und das Kind trotz aller Förderung nicht zurechtkommt in der Schule, macht es eben auch panisch.

Denn auch das ahnen Eltern heute: Wer einen ordentlichen Abschluss macht, der hat bessere Chancen. Nicht nur auf dem

Arbeitsmarkt, sondern auch sonst im Leben. Gerade hat es der aktuelle Bildungsbericht[19] wieder bestätigt: Mit steigender Bildung haben Menschen bessere Jobs, verdienen mehr, sind gesünder und mit ihrem Leben zufriedener.

So einfach ist das.

Und doch so schwer.

Realschuljahre (Unterstufe)

Lernst du noch – oder brüllst du schon?

Bevor ich selbst Kinder hatte, war für mich klar: Es gibt ein ziemlich gutes Mittel gegen schlechte Noten – und das ist gute Vorbereitung. Meine Grundschuljahre als Hilfslehrerin hatten mich eines Besseren belehrt. Sollte sich das mit der Realschule ändern?

»Wenn sie regelmäßig selbstständig die Hausaufgaben machen, dürfte das kein Problem sein«, hieß es beim Elternabend in der Fünften. »Wir teilen ja Übungen aus – und wer die kann, schafft auch die Schulaufgaben.« »Ja«, fand ich, »das klingt logisch.«

»Wir sind ja auch noch da«, sagten die Erzieherinnen im Hort. »Bei uns gibt es nach dem Mittagessen Studierzeiten. Und wenn Ihre Töchter dann um vier nach Hause kommen, sollten sie das meiste erledigt haben.«

Vor meinem geistigen Auge brachen paradiesische Zeiten an. Endlich würde das eintreten, was ich vor der Grundschule eigentlich mal für normal gehalten hatte: Schule ist vor allem Kindersache. Doch ich irrte erneut.

Wir hatten zwar den Übertritt geschafft, aber jetzt ging es erst richtig los: Meine Töchter mussten lernen, wie man alleine lernt. Das aber lernten sie offenbar nicht von alleine. Das musste ihnen jemand beibringen. Und mein Gefühl war: Dieser Jemand war ich. Zwar machten die Mädchen immer ganz zuverlässig ihre

Hausaufgaben. Für die Schulaufgaben und Prüfungen reichte das aber nicht. Ihnen wurde einfach nichts geschenkt. Nichts ging leicht. Und schon gar nicht von alleine. Gib ihnen Zeit, dachte ich, das ruckelt sich zurecht.

Doch dann, als sich die Vieren und Fünfen häuften, wurde ich doch wieder nervös.

Am Elternabend erzählten manche Mütter, als wäre es eine Selbstverständlichkeit, dass sie für die letzte Erdkundearbeit zu Hause Probe-Prüfungen konzipiert hätten und außerdem extra ins »Deutsche Museum« gegangen seien. Ein paar Väter waren auch da und fragten, ob das denn richtig sei, dass die Kinder jetzt schon die Dezimalzahlen bis zur dritten Stelle in Brüche umrechnen können müssten. Eigentlich komme das doch erst später dran. »Oh«, dachte ich betreten, »die kennen sich aber gut aus.« Und dann überlegte ich reflexhaft, wie das noch mal ging: mit den Dezimalzahlen und den Brüchen.

Und wenn Greta sich am Samstag mit Paula zum Schwimmen verabreden wollte, konnte die nicht, weil Paula, so sagte Greta, am Montag Englisch schrieb und noch mit ihrer Mama lernen musste. Ich begriff: Bis auf ein paar Ausnahmen lernten alle mit ihren Kindern. Auch auf der Realschule.

So kam es, dass ich meinen Hilfslehrerinnenjob wieder aufnahm.

Beim Autofahren nervte ich die Kinder mit Sprüchen wie »Die Klammer sagt: Zuerst komm ich. Denk ferner dran: Stets Punkt vor Strich!« oder »In fourteen hundred ninety two Columbus sailed the ocean blue.«

Und fortan gab es – mal abgesehen von den Ferien – wieder kaum ein Wochenende, an dem nicht einer von uns mit einem Kind am Wohnzimmertisch saß, abfragte, erklärte, Tabellen laminierte.

Ich befasste mich mit dem Treiben der alten Ägypter im Nildelta, mit dem der Fruchtfliegen im Sechstklasslehrplan und mit der Frage, ob Mrs Walter »after the dog looked« – oder »at the cat«.

Am Wohnzimmertisch drosch ich Phrasen wie: »Es können nur Potenzen, die die gleiche Basis und denselben Exponenten haben, addiert und subtrahiert werden. Und das macht man, indem man die Koeffizienten addiert und subtrahiert.«

Manchmal erzählte ich dazu wilde Geschichten von berühmten YouTuberinnen, die so erfolgreich posteten, dass sie damit 10 hoch 10 Follower kriegten. »Hallo«, sagte das Siebtklässlerkind, »bloß 100 Follower, das ist ja total unfame!«

»Nicht: mal 10 – hoch 10«, sagte ich mit einer Stimme, die irgendwie nicht zu mir gehörte, »10 mal 10 mal 10 mal 10 mal ...« »Also doch mal«, sagte das Kind.

In Momenten wie diesen kriegte ich regelmäßig Schnappatmung. Warum musste ich das machen?

Oft kam ich mir vor wie eine Beauftragte für Homeschooling. Und dachte im Stillen: Warum gehen die Kinder überhaupt noch in die Schule? Zu Hause muss ich ja sowieso alles noch mal erklären und mit ihnen durchkauen. Eigentlich ist die Schule überflüssig, sie macht nur Stress mit ihrem ständigen Geprüfe.

Und je mehr Gedanken dieser Art mir in den Sinn kamen, umso mehr potenzierten sich mein Ärger und mein Frust. Und das, was dann meistens am Ende dabei herauskam, war nicht nur mathematisch gesehen regelwidrig: Ich flippte aus. Und ich brüllte: »Verdammt noch mal, jetzt reicht's mir aber. Setzt euch gefälligst auf den Hosenboden. Und passt in der Schule auf. Ich bin doch nicht eure Nachhilfelehrerin. Und überhaupt, wo ist das verdammte Lösungsheft von diesem verdammten Übungsbuch?«

»Irgendwo unter dem Bett«, murmelte das Kind, nichts Gutes ahnend.

»Was heißt irgendwo?«, fauchte ich noch wütender zurück. »Ich kaufe doch nicht ständig irgendwelche Arbeitsbücher, damit die unbenutzt in die Ecke geknallt und verschlampt werden. Ich mache das doch nicht zum Spaß. Es ist eure Mathearbeit.« Undsoweiterundsofort.

Das eine oder andere Kind brüllte zurück: »Du bist eine scheißblöde Mama. Scheißblöd hoch vier: Scheiß mal blöd mal scheiß mal blöd!« Und ich: »Hör auf zu brüllen – sonst sagt der Nachbar morgen wieder: ›Na, deine Kleine hat aber eine ziemlich kurze Zündschnur. Die hört man ja im ganzen Hof.‹«

An dieser Stelle machte ich meistens hektisch alle Fenster zu. Aber das Kind brüllte noch lauter: »Mir doch egal, was die Nachbarn denken.« Und es schien eine heimliche Freude daran zu haben, dass ich immer mehr die Fassung verlor. Und schließlich aufgab.

Die Grundschullehrerin und Autorin Sabine Czerny fasst Szenen wie diese in ihrem 2010 erschienenen Buch *Was wir unseren Kindern in der Schule antun* etwas analytischer und wie folgt zusammen: *Schule greift heutzutage mit ihren Anforderungen massiv in das Familienleben ein und ist zum großen Teil mitverantwortlich für gestörte Eltern-Kind-Beziehungen.* Dabei, so Czerny, sei eine gesunde, tragfähige Beziehung zu den Eltern einer der wichtigsten Aspekte im Leben eines Kindes. *Unser Schulsystem schafft es immer häufiger, dass Eltern an ihren Kindern verzweifeln, dass die Liebe und Zuneigung zu ihren Kindern in die Abhängigkeit von deren schulischen Leistungen und den erzielten Noten gerät.*[20]

Und ja, ich war in solchen Situationen auch einigermaßen verzweifelt. Ich verzweifelte an meinen Kindern, aber auch an mir selbst.

Ich weiß nicht, wie viele Male ich aus der Wohnung rannte, nach unten in unseren Hof. Das jeweilige Lernopfer Kind blieb oben und trat je nach Temperament mit dem Fuß gegen die

Tür und warf die soeben beschriebenen Zettel aus dem Fenster (Ida) oder heulte und rief Schimpfwörter (Greta).

Ich saß dann irgendwann auf der Bank im Hof, haderte mit mir und unserem Schuldrama und versuchte meinen Puls wieder runterzuregeln. Manchmal beobachtete ich von meiner Bank aus die Nachbarinnen mit ihren kleinen Kindern, die mit roten Rutscheautos unterwegs waren. Ich dachte: »Wenn ihr wüsstet, was noch auf euch zukommt.«

Meistens aber führte ich stumme Selbstgespräche und versuchte das innere Chaos zu ordnen, von dem ich schon zu Übertrittszeiten heimgesucht worden war, das ich aber damals meist in eine dunkle Ecke meines Gehirns verbannt hatte – weil ich für diese Gedanken und Gefühle keine Zeit hatte. Und auch, weil ich sie nicht haben wollte. Denn sie waren nicht schön.

Was schulgeschädigte Mütter so denken – und sich meistens nicht zu sagen trauen

STIMME AUS DEM OFF: Anke, jetzt reg dich mal ab, die Potenzgesetze sind nicht der Mittelpunkt der Welt.

ICH: *Doch, in den letzten 60 Minuten waren sie das schon. Diese Lernerei macht mich fertig. Eltern und Kinder können nicht zusammen lernen. Da sind viel zu viele Emotionen im Spiel.*

Was für Emotionen meinst du denn genau?

Weiß nicht: Gekränktsein zum Beispiel. Wenn ich danebensitze und das mit dem Koeffizienten zum dritten Mal erklären muss, bin ich gekränkt. Verstehst du, es sind doch meine Kinder, die müssen das doch spätestens beim zweiten Mal kapieren. Die können doch nicht dumm sein …

Erstens: Ob man das mit den Koeffizienten gleich kapiert oder nicht, hat nur bedingt mit Intelligenz zu tun. Und zweitens: Deine Kinder sind doch nicht deine Klone. Ja, es stecken ein paar Gene von dir drin und noch mal genauso viele vom Kindsvater – trotzdem sind deine Mädchen eigene Individuen mit eigenen Talenten, eigenen Problemen – und eigenen Zielen. Was daraus wird, kannst du doch nur bedingt beeinflussen.

Das sagst du jetzt nur so, um mich zu trösten!

Nee, das sagen auch Leute, die sich auskennen. Zum Beispiel der amerikanische Genforscher und Persönlichkeitspsychologe Robert Plomin, führender Experte seines Fachs. Ich zitiere mal kurz: »Eltern sind keine Zimmerleute, die ein Kind nach Plan bauen können. Sie sind nicht einmal Ziergärtner, die eine Pflanze so pflegen und beschneiden, dass am Ende ein bestimmtes Ergebnis steht; sie gleichen eher Blumenfreunden, die wissen, dass sie zwar gießen und düngen müssen – dass sie aber ihre Pflanzen nur zum Wachsen anregen, aber nicht dazu zwingen können.«[21]

Und warum wird dann um mich herum immer so getan, als wäre es nur eine Frage des richtigen elterlichen Engagements und des richtigen Übungsmaterials, damit es klappt in der Schule? Wobei klappen natürlich heißt: Gymnasium!

Quatsch, dieser Gymnasialwahn ist vor allem auch ein Großstadtphänomen. Wenn du im niedersächsischen Cloppenburg leben würdest, würdest du das nicht denken. Da gehen nämlich nur 18 Prozent der Kinder aufs Gymnasium.[22]

Kann ja sein – ich wohn aber nicht in Cloppenburg. Ich wohn in München. Und da sind es über 60 Prozent.

Du bist wütend …

Ja, auf mich selbst. Weil ich nicht ruhig bleiben kann. Ich bin hier der eigentliche Schulversager.

Ist da nicht auch ein Gefühl von Hilflosigkeit? Und von Angst?

Sicher, Angst ist da auch. Ich habe Angst, dass meine Kinder später nicht mithalten können im globalen Wettbewerb, weil sie keine guten

Schulabschlüsse kriegen. Und wenn ich von Freunden höre, dass ihre Kinder irgendwelche Eins-Komma-noch-was-Abschlüsse machen, dann stelle ich mir manchmal vor: Diese Kinder sind später die Rechtsanwälte mit den tollen Kanzleien oder die Ärzte mit den tollen Praxen, und meine Kinder sind dann ihre Hiwis und müssen machen, was sie sagen – natürlich nur für einen Bruchteil des Gehalts. Und ich bin schuld.

Du hast Schuldgefühle?

Ja, ich bin schuld, dass die Kinder Schulprobleme haben und später vielleicht schlechtere Chancen im Leben. Ich habe was falsch gemacht.

Wie kommst du denn darauf?

Ist doch so: Wenn es in der Schule gut läuft, haben Eltern alles richtig gemacht. Dann klopfen dir die Leute auf die Schulter und sagen anerkennend: »Tolle Kinder. Richtig erzogen!« Aber wenn es in der Schule nicht läuft, dann ist das wie eine krasse Klatsche für deine Erziehungsbemühungen. Du bist immer in der Defensive. Weißt du, dass es inzwischen Elternschulen gibt, in denen Eltern den Grundschulstoff lernen, damit sie den dann ihren Kinder erklären können? Und in den Buchläden liegen Bücher, die heißen: »Mathe für Eltern – was Sie wissen müssen, um Ihr Kind zu unterstützen« …[23]

In den Buchläden liegt vieles.

Aber solche Bücher würden doch nicht gemacht, wenn die keiner kaufen würde. Viele von uns glauben doch: Wo ein Wille ist, ist auch ein Weg. Und wenn du dich als Mutter nur genug anstrengst, wird das was mit Mathe und Deutsch. Und wenn es nichts wird, hast du eben was falsch gemacht.

Das würde ja bedeuten, dass die Noten, die deine Kinder für ihre Mathearbeit kriegen, gleichzeitig auch dich bewerten …!?

Bingo! Genau das tun sie für mein Gefühl: Sie bewerten auch, wie gut ich als Zahlenstrahlerklärerin, Probenvorausahnerin und Motivationstrainerin bin. Kurz gesagt: Wie gut ich als Mutter bin!

Aber du hast dich doch gekümmert. Du hast deine Kinder gefördert. Du hast ihnen vorgelesen. Du bist mit ihnen ins

Museum gegangen und hast ihnen die Welt erklärt. Daran kann es doch wirklich nicht liegen.

Aber Mütter haben immer wegen irgendwas ein schlechtes Gewissen. Ich kenne Mütter, die haben Schuldgefühle, weil sie einen Kaiserschnitt hatten oder eine Frühgeburt oder nicht stillen konnten – und jetzt glauben sie, die Schulprobleme ihrer Kinder hängen damit zusammen.

Mal abgesehen davon, dass man sich das mit der Frühgeburt, dem Kaiserschnitt und dem Nicht-stillen-Können meistens nicht aussucht: Es gibt ja nicht nur Mütter, sondern auch Väter, die sich für die Schulprobleme ihrer Kinder verantwortlich fühlen könnten. Warum suchst du die Schuld allein bei dir?

Weil es bei der Frage, wie ein richtiges Mutterleben auszusehen hat, viel mehr doppelte Botschaften gibt als bei der Frage, wie ein richtiges Vaterleben funktioniert. Nimm nur die Berufstätigkeit: Klar sollen Mütter heute berufstätig sein. Sie sollen selbst für ihre Rente sorgen. Karriere gerne, eigenes Einkommen sowieso! Heute suggeriert die bezahlte Elternzeit den Müttern, dass sie ein Jahr nach der Geburt wieder im Büro erscheinen sollten. Und mit dem neuen Unterhaltsrecht kann man ja tatsächlich auch keiner Mutter empfehlen, sich in finanzieller Hinsicht allzu sehr auf einen Mann zu verlassen. Einerseits.

Und andererseits?

Andererseits: Wenn unsere Kinder schlechte Noten kriegen oder sonstige Probleme haben, wissen alle, woran das liegt: Ist ja klar, die Mutter arbeitet zu viel, will Karriere machen, und zu Hause ist keiner, der mittags ausgewogen kocht, beim Lernen hilft, den Handykonsum regelt und für Ruhe und Struktur sorgt.

Quatsch! Wir sind doch nicht mehr in den Fünfzigern. Es gibt doch Ganztagsschulen.

Kann sein, aber erstens ist der Anteil der echten Ganztagsschulen mit rhythmisiertem Unterricht zumindest in Bayern noch ziemlich gering. Zweitens funktioniert das auch längst nicht bei allen Kindern. Viele sind gestresst und überreizt, wenn sie den ganzen Tag in der Schule sein müssen und kaum Rückzugsmöglichkeiten haben. Und drittens, ganz wichtig: So ein überhöhtes Mutterbild verändert sich nicht in ein paar Jahren. Es ist immer noch in unseren Mutterköpfen. Und in denen der anderen.

Du hörst das Gras wachsen.

Nein, ich bin nur ehrlich. Dabei gefallen mir diese Gedanken selbst nicht. Ich will mich nicht immer damit beschäftigen. Ich mag nicht neidisch sein. Und schon gar nicht will ich mir immer beim Aufregen zuschauen. Ich möchte einmal im Leben auf einem Fest stehen und zu den Müttern gehören, die ganz entspannt sagen können: »Schule? Ach ja, Schule: Läuft bei uns ... Und übrigens hast du schon den neuen Film von Caroline Link im Kino gesehen?«

Dann probier's doch mal. Sag auf dem nächsten Fest einfach ganz lässig: »Schule, ach ja, Schule ...« Und wenn dich einer fragt: »Und, auf welchem Gymnasium sind deine Mädchen?«, dann überhörst du das einfach. Und fragst zurück: »Und was machst du so beruflich?« So, und jetzt gehst du wieder hoch und reißt dich zusammen. Es lohnt sich nicht, dass du dir wegen der Schule die Beziehung zu deinen Kindern versaust. Ich bin nicht mal sicher, ob das Gelerne notentechnisch zu irgendwas führt. Sicher ist bloß: Die Stimmung wird damit immer mieser. Das ist es nicht wert. Denk dran, du bist die Große. Und deine Mädels brauchen dich vor allem als Mutmacherin. Zeig ihnen, dass du an sie glaubst. Und dass du sie gut findest, so wie sie sind.

Wir brauchen Noten, Noten, Noten!

Dieser Satz vom Infoabend der Realschule, damals nach dem Übertritt, wurde in unserer Familie zum geflügelten Wort. Denn von Gretas zwei Montessori-Jahren und den Ferien mal abgesehen gab es in der Schulzeit meiner Kinder tatsächlich kaum eine Woche, in der nicht eine meiner Töchter irgendwie geprüft und bewertet wurde.

Wobei ich das Wort »Prüfung« von den Prüfern und Bewertern nur selten gehört habe. Stattdessen benutzten sie verbale Nebelmaschinen, die es zu meiner Schulzeit noch nicht gab – deshalb brauchte ich eine Weile, bis ich das Ganze durchschaute. Damals im Norddeutschland der Siebziger- und Achtzigerjahre schrieben wir angekündigte Klassenarbeiten. Dazu gab es mündliche Noten und das eine oder andere Referat. Punkt.

30 Jahre später in Bayern ist es komplizierter: Am Anfang, in den ersten anderthalb Jahren, schrieben Greta und Ida sogenannte Lernzielkontrollen. Die wurden nicht mit Ziffern benotet. Auch im Zeugnis gab es noch keine Zensuren, sondern Beurteilungen in einer Art Lehrergeheimsprache: Diese Beurteilungen waren zwar differenzierter als die klassische Notenskala von 1 bis 6, aber man musste sie als Mutter oder Vater erst mal übersetzen. Denn sie waren grundsätzlich ähnlich verschlüsselt wie ein Arbeitszeugnis.

So erfuhr ich, dass Greta sich in der ersten Klasse *für neue Lerninhalte begeistern ließ und phasenweise rege mitarbeitete* ... Und dass sich *Ida in der zweiten Klasse stets um eine friedliche Beilegung von Konflikten bemühte* ... War das nun gut? Oder hieß es vielleicht, dass unser Kind die Streitigkeiten, die beigelegt werden mussten, vorher angezettelt hatte?

Nach den »Lernzielkontrollen« kamen die »Proben«. Und spätestens seit der Fünften ist es richtig kompliziert: Es gibt

»Schulaufgaben« – die sind angekündigt und zählen viel. Dann gibt es »Exen«, die mitunter auch »Stegreifaufgaben« oder »kleine Leistungsnachweise« genannt werden. Sie werden nicht angekündigt und zählen nur halb so viel. Wenn man aufgepasst und den Lehrern genau zuhört, kann man allerdings oft raushören, ob eine Ex droht. Greta mit ihrer Fähigkeit zur Empathie hatte den Bogen ab der sechsten Klasse raus – Ida nicht. Sie war von Anfang an schlecht im Lehrerdurchschauen. Vor allem in der Unterstufe gab sie fast jeden Morgen ihren Auftritt als Drama-Queen: Ständig war sie in Aufregung, es könnte eine Ex geschrieben werden. Und dann vergaß sie garantiert ihren Turnbeutel, das Schulbrot. Oder ihren Kopf.

Ach, wie habe ich dieses morgendliche Stress-Geschrei gehasst. Und da wir in einer Mietwohnung leben, möchte ich mich an dieser Stelle bei allen Treppenhausanrainern entschuldigen, die wahrscheinlich alles mithören mussten, wenn sie morgens auf dem Weg zur Arbeit an unserer Wohnungstür vorbeigingen. Nein, wir haben unsere Kinder nicht verhauen!

Neben den Schulaufgaben und den Exen gibt es noch Kurzarbeiten, die angekündigt werden, über die letzten vier oder fünf Stunden gehen und so mittel zählen. Dazu kommen »Jahrgangsstufentests« und »Vergleichsarbeiten« mit russischen Frauennamen (dazu später mehr) – und die Abfragen (unangekündigt). Letztere sind ein Teil der mündlichen Note, die irgendwie zwischendurch gemacht wird. Grundsätzlich verbessern kann man die Gesamtnoten durch freiwillige Referate, die in höheren Klassen auch Präsentationen genannt werden und … Ach, ich habe irgendwann den Überblick über die ganze Klaviatur der Prüfungen verloren.

Ob ich Noten gut oder schlecht finde? Darüber habe ich auch länger nachgedacht.

Einerseits hatte ich in Gretas Montessorijahren gemerkt, wie schwer ich mit dem fast notenfreien Unterricht zurechtkam. Und mir war klar geworden, dass ich nicht grundsätzlich gegen Benotungen bin. Auch im weiteren Leben wird man schließlich immer wieder mal bewertet und muss lernen, damit umzugehen.

Ich glaube auch, dass viele Kinder – und wahrscheinlich auch meine – ein gewisses Bedürfnis nach Einordnung haben.

Andererseits: Vor Zeugnistagen musste ich mir manchmal selber Mut zusprechen und mich wappnen. Nein, ich würde das Kind nicht fragen, wie man in Religion eine Vier oder in IT eine Fünf kassieren kann. Und nein, ich würde auch nicht »hätte, hätte Fahrradkette« ätzen, wenn die Mädchen sagten, dass sie in der einen Ex nur einen halben Punkt mehr gebraucht hätten: »Mama, ein halber Punkt, dann wäre das eine Note besser gewesen – und ich hätte jetzt keine Vier, sondern eine Drei im Zeugnis ...«

Ich würde hoffentlich auf meinen Mann hören, der zu sagen pflegte: »Später im Leben fragt kein Mensch mehr danach, wie die IT-Note im Zwischenzeugnis der sechsten Klasse war ...« Und dann würden wir zusammen essen gehen.

Das Hauptproblem mit den Noten ist: Sie sind undifferenziert. Sie zeigen nicht, ob sich einer angestrengt hat – oder nicht. Und was ihn neben der Zwei oder Vier in Mathe und der Fünf in Englisch sonst noch ausmacht. Denn die Schule bewertet Kinder nur in bestimmten Bereichen – und andere Talente jenseits von Mathe, Deutsch und Chemie zählen oft wenig.

Noten sind auch keine zuverlässigen Größen, wenn es um die Einschätzung der Intelligenz geht.

Allgemein gilt als ungeschriebenes Gesetz: Je klüger ein Kind ist, desto besser sind seine Noten. Manchmal stimmt das. Oft stimmt das nicht. Mindestens so wichtig für schulischen Erfolg ist nämlich, welcher Typ

Mensch man ist. Eigentlich sagen Zeugnisse also vor allem eines aus: Je besser sich ein Kind an unser Schulsystem anpassen kann, desto besser sind seine Noten, schreibt die ehemalige Lehrerin Stephanie Schneider in ihrem Buch *Der kleine Schulstress-Berater*.[24]

Fakt ist: Viele bei PISA erfolgreiche Länder führen die Noten deutlich später ein als wir in Deutschland. Und auf der Hand liegt auch: Noten nützen vor allem den Guten. Die anderen werden durch sie eher entmutigt.

Dazu kommt, was wir irgendwie alle wissen und sogar viele Lehrer freimütig zugeben: Noten sind relativ und niemals wirklich gerecht. Weil in unserem föderalen Bildungssystem die gleiche Inhaltsangabe über die Walforscher in Chile in Berlin vielleicht eine Zwei wert ist, in Bayern aber nur eine Drei minus. Weil thüringische Abiturienten im Jahr 2016 eine durchschnittliche Abinote von 2,18 schafften, die Niedersachsen aber im Durchschnitt nur 2,58[25] – und der Schluss, die Niedersachsen seien einfach durch die Bank dümmer als die Thüringer, mir sehr zweifelhaft erscheint. (Und das schreibe ich nicht nur, weil ich selbst aus Niedersachsen stamme.)

Weil eine Eins vor dem Komma im Abitur vor 30 Jahren nur von einigen wenigen Prozent der Abgänger geschafft wurde, heute aber deutlich weniger spektakulär ist. Folgt man einem Bericht in der Berliner Zeitung, schafften 2017 1,8 Prozent der Abiturienten in Berlin sogar den Superschnitt von 1,0. 1999 hingegen betrug der Anteil derer, die das Gymnasium mit dieser Traumdurchschnittsnote abschlossen, nur 0,1 Prozent.[26] Und man fragt sich, ob da einer mit dem IQ-Füllhorn unter dem Brandenburger Tor stand? Oder lagen die Anforderungen für ein Einserabitur früher vielleicht schlicht höher?

Ja, Noten sind keine festen Größen – und das gilt sogar für verschiedene Schulen in der gleichen Stadt. Wer in der 5a schlecht ist, könnte in der 5b Durchschnitt sein – dann nämlich, wenn die 5a in einem »guten« Stadtviertel ist mit vielen geförderten Kindern und die 5b in einer Schule im Brennpunktviertel.

Und manchmal hängt die Bewertung sogar vom Namen ab. So sorgten in den Jahren 2009 und 2010 zwei Masterarbeiten der Oldenburger Uni für Aufsehen, in denen sich nach einer Befragung von mehreren Tausend Lehrern herausstellte, dass diese Kindern, die Kevin, Mandy und Jaqueline hießen, weniger zutrauten als Jakob, Maximilian und Charlotte.

Sie hatten offenbar Vorbehalte, weil sie Jaqueline und Kevin in einem schlechteren Bildungsmilieu verorteten als Jakob und Charlotte.[27] Ein Lehrer kommentierte die Befragung mit dem Satz: »Kevin ist kein Name, sondern eine Diagnose«.

Vor diesem Hintergrund dürfte es auch kein Zufall sein, dass es eine Chantal ist, die in »Fack ju Göhte« von Ex-Knacki und Aushilfslehrer Zeki Müller zum Leise-Heulen aufgefordert wird. Und nicht eine Anna-Amalie.

Die Namen meiner Töchter sind in dieser Hinsicht wohl eher unverfänglich, trotzdem haben wir sehr, sehr oft mit den Noten gehadert. Weil ich sie ungerecht fand – angesichts der Tatsache, wie sehr sich das eine oder andere Kind reingehängt hatte und wie wenig die Note das widerspiegelte. Oder weil die Note zwar gerecht war, aber trotzdem zum Heulen, und zwar, sorry Herr Müller, auch zum Laut-Heulen. So oder so: Das sehr frühe und das ständige Kinderbewerten, wie es vor allem in Bayern üblich ist, ist einfach furchtbar anstrengend. Und zwar für alle Beteiligten.

Die Schritte auf der Treppe

Wir wohnen in einem Altbau, kein Aufzug, zweiter Stock, fünf Treppen. Alte slawonische Eiche. Wenn man hochläuft, gibt die Eiche nach und macht Geräusche. Die Stufen erzählen dabei, ob ein Mann die Treppen hochkommt mit festem Schritt – oder ein Kind mit 37 Kilo.

Sie erzählen auch, ob der Mensch, der hochkommt, müde ist und schlapp. Oder fröhlich. Oder aufgeregt. Ich war nicht immer vor den Kindern zu Hause, wenn sie aus der Schule kamen. Aber wenn, dann lauschte ich auf die Treppe. Die schnellen, vitalen Schritte ließen mich erleichtert aufatmen. Das *Klack-klack-klack*-Stakkato war ein gutes Omen. Dann wusste ich: keine Katastrophen. Vielleicht sogar eine Zwei in der Mathe-Ex. Und jetzt hatte es die Fußbesitzerin eilig, die frohe Botschaft zu überbringen.

Das Kind, das dann hochkam, schmiss die Tasche in die Ecke, rannte aufs Klo und rief aus dem Bad: »Mama, ich muss dir was erzählen. Die Elsa hat von ihrem Opa ein Pferd geschenkt gekriegt. Stell dir vor, ein ganzes Pferd! Und sie hat gesagt, ich darf mal mitkommen und das Pferd reiten!«

Dann wusste ich immer, es wird ein guter Nachmittag. Das Kind würde heiter sein. Und unbeschwert. So wie ein Kind sein sollte, wenn es elf ist oder zwölf.

Aber es gab auch die anderen Tage. Und manchmal kam dann schon vor dem Kind eine WhatsApp voll mit aufgeregten Tippfehlern, die mich schlucken ließen:

Mama ich kann nicht mer, ich hab so viel geübt. Und jetzt isses doch bloß nur ne fünf. Ixh will nicht mehr zur Schule!

Einige Zeit nach der WhatsApp hörte ich schwere Schritte auf der Treppe. Und wenn dann die Tür aufging, kroch die Niedergeschlagenheit in unsere Wohnung, und es wurde schwer, dagegen anzuleben. Das Kind schien kraftlos. Und wollte gleich ins Bett.

Die Fünf in Mathe, so erschien es mir in diesen Augenblicken, war nicht einfach nur eine Fünf in Mathe. Das Kind selbst fühlte sich als Fünf: als mangelhaftes Wesen!

In solchen Momenten fand ich es immer schlimm, zu sehen, wie sich meine Kinder mit der Schule verändert hatten. Gerade bei Ida, die ein auffallend kreatives, willensstarkes Kindergartenkind gewesen war, fiel mir das auf. Und manchmal, wenn sie so die Treppe hochschlich, fragte ich mich: »Wo ist bloß ihre ganze Energie geblieben?« Das tat dann richtig weh.

Irgendwann, in dieser Zeit der Unterstufenjahre, las ich auch das Buch von Daniel Pennac: *Schulkummer.*[28] Pennac, Franzose und Schriftsteller, war über zwei Jahrzehnte lang auch Lehrer gewesen. Und davor ein grottenschlechter Schüler. Er beschreibt auf eindringliche Weise das kindliche Gefühl, eine Niete zu sein, den Schmerz, nichts zu begreifen, und die Kollateralschäden, die das System Schule produziert. Er beschreibt auch die lähmende Angst vor jeder neuen Prüfung, die das Denken fast unmöglich macht.

Gleich in einem der ersten Kapitel erzählt er von einem Traum. Wie er als Schüler im Schlafanzug auf der Bettkante sitzt, vor sich auf dem Teppich einen Haufen mit großen Spielzeug-Plastikzahlen, die er in die richtige Reihenfolge bringen soll. Es erscheint ihm leicht, er ist froh und zuversichtlich, beugt sich vor, will sich an die Arbeit machen:

Da entdecke ich, dass meine Hände verschwunden sind. Aus meinem Schlafanzug ragen keine Hände mehr heraus. Die Ärmel sind leer. Aber nicht das Fehlen meiner Hände versetzt mich in Panik, sondern dass ich die Zahlen nicht ergreifen und in die richtige Reihenfolge bringen kann. Ich hätte es gekonnt.[29]

Ich hätte heulen können, als ich das las: ein Kind, das es schlimmer findet, in Mathe schlecht zu sein, als keine Hände mehr zu haben? Solche Träume sollten meine Kinder auf keinen Fall träumen. Und doch war es im Alltag oft schwer, den Frust über die schlechten Noten niederzuringen.

»Ach komm, ich mach dir Pfannkuchen. Mit Kirschen und Puderzucker«, sagte ich manchmal, wenn sich das Kind am helllichten Tag appetitlos die Decke über den Kopf ziehen wollte.

»Ich will nichts essen.«

»Erzähl mal.«

»Ich will nicht erzählen. Alles ist Scheiße. Eine Fünf hätte ich doch auch ganz ohne Lernen geschafft.«

Was soll man als Mutter dazu Tröstendes sagen? Vor allem, was soll man Tröstendes sagen, wenn man selber denkt: »Was hat sie denn da schon wieder gemacht? Sie hat doch geübt. Wir haben doch geübt. Ein ganzes Wochenende lang.«

Schaut man sich das Ganze an, sieht man: Keine Aufgabe vollständig gelöst. Eine ganz ausgelassen. Und gerade die hatten wir doch zu Hause durchgespielt, nur mit anderen Zahlen. Und dann sind da jede Menge Flüchtigkeitsfehler.

Mensch, Ida!

Ja, ich gebe es zu: In solchen Momenten fand ich das Trösten schwer. Ich war enttäuscht. Wütend. Hilflos.

Und wusste doch: Gerade jetzt wäre es wichtig, gelassen zu bleiben. Mut zu machen. Vor allem, wenn das Kind geübt und gelernt hatte.

»Zeig deinem Kind, dass du seinen Kummer verstehst. Zeig ihm, dass es nicht nur die Summe seiner Noten ist. Und dass du es lieb hast, auch wenn die Schule gerade ein Schlachtfeld ist«, sagte mein pädagogisches Über-Ich. Ich versuchte es.

Ich versuchte auch, den oft aggressiven, weil über sich selbst enttäuschten, vorpubertären Stachelkaktus in den Arm zu nehmen. Und Sätze zu sagen, die ich selbst nicht immer glaubte:

»Beim nächsten Mal wird es besser. Ganz bestimmt.« Leider war das nächste Mal schon überübermorgen.

Wie bringt man sein Kind dazu, weiterzumachen? Sich am Wochenende wieder hinzusetzen? Sich mit Sachen zu beschäftigen, die es eigentlich nicht interessieren, vor denen es vielleicht sogar Angst hat, weil es denkt: Das kapier ich nie.

Und wie schafft man es, sich selbst von der ganzen Traurigkeit, der Enttäuschung und der Ratlosigkeit nicht so runterziehen zu lassen? Es gibt in einem Familienalltag schließlich nicht nur Schulprobleme, sondern auch andere Herausforderungen.

Manchmal, wenn ich die schweren Schritte auf der Treppe hörte, saß ich gerade an einem Text, der nicht funktionierte. Oder ich hatte einen Bußgeldbescheid aus dem Briefkasten gezogen. Oder mich am Telefon mit einer Freundin gestritten.

Vielleicht hatte ich auch einfach nur festgestellt, dass der Kühlschrank leer war. Und ich jetzt schnell noch einkaufen musste, damit wir abends etwas zu essen hatten. So scheiterte ich oft daran, die nötige Gelassenheit aufzubringen.

Wenn zwei Kinder an einem Tag mit schlechten Zensuren nach Hause kamen, war oft auch mein Tag gelaufen. Und weil die Kinder das wussten, sagten sie mir manchmal ihre Noten gar nicht. Sie schrieben eine WhatsApp an den Kindsvater. Und der verheimlichte mir die Fünf entweder ganz oder schrieb später eine SMS an mich:

Geh erst mal joggen, bevor du dich aufregst ...

In solchen Momenten hatte ich das bedrückende Gefühl: Wir halten nicht mehr richtig zusammen.

»Du siehst das zu eng.« »Tu ich nicht!« »Doch!«

Schule ist in vielen Familien das Streitthema Nummer eins und macht häufig auch vor der Ehe der Eltern nicht halt, schreibt Sabine Czerny.[30] Ich finde, das ist ein harter Satz. Fast ein bisschen ungeheuerlich. Aber er ist wahr.

Ich erinnere mich gut, dass ich mal auf einem Elternabend war, Greta war da in der fünften oder sechsten Klasse – und neben mir saß ein Vater, der sich über die Lehrerin furchtbar aufregte. In der Pause sagte ich zu ihm: »Nicht so aufregen. Das ist es nicht wert. Nächstes Jahr gibt es neue Lehrer.« Daraufhin erzählte er mir, sein älterer Sohn sei jetzt im Internat. »Oh«, sagte ich, »ist das nicht schlimm teuer?« »Ja«, entgegnete der Vater, »das kostet vierstellig, im Monat. Aber es ist immer noch billiger als eine Scheidung.«

Und dann erzählte er mir ganz offen, dass es mit seinem Sohn immer viel Schulstress gegeben habe. Und dass er und seine Frau irgendwann sehr merkwürdige Dialoge geführt hätten, und zwar deutlich jenseits der Zimmerlautstärke. Ich horchte auf. Das mit der überschrittenen Zimmerlautstärke kam mir bekannt vor. Er fasste das Problemfeld dann kurz zusammen, und seinen Andeutungen zufolge muss der übliche Schlagabtausch mit seiner Frau in etwa so geklungen haben:

ER: *»Warum ist das nur immer so ein Theater mit der Schule? Warum schaffst du es denn nicht, ihm das beizubringen? Ist doch wirklich nicht so schwer, ist doch bloß Realschule!«*
SIE: *»Warum soll ich das immer machen? Komm du doch mal früher von der Arbeit und häng dich rein in die Kreisberechnung Er ist schließlich auch dein Sohn. Und er tut sich halt nicht so leicht.«*

ER: *»Also von mir kann er das nicht haben, ich war vielleicht faul, aber als es drauf ankam, hab ich Gas gegeben – und da war ich dann gut. Sonst wäre ich ja wohl auch nicht Anwalt geworden.«*
SIE: *»Was meinst du mit: Von mir kann er das nicht haben? Da bleibe ja dann nur noch ich übrig. Dann kann er das ja nur von mir haben. Dann sind das wahrscheinlich meine doofen Gene. Hättest du dir halt eine andere aussuchen müssen …«*
Tiefluftholl! Aufdentischhau! Türenknall!

»Ohne das Internat wäre unsere Familie kaputtgegangen«, sagte der Vater. Und dann rief die Lehrerin: »Meine Damen, meine Herren, wir machen weiter!« Und wir mussten zurück ins Klassenzimmer und uns anhören, wie es sich genau mit dem textgebundenen Aufsatz im zweiten Halbjahr verhielt und warum der bilinguale Erdkundeunterricht eine sehr sinnvolle Sache sei.

Damals dachte ich: »Na ja, dass der sich nicht mehr mit seiner Frau versteht, hängt ja wohl nicht nur mit der Schule zusammen. Wahrscheinlich lässt er immer den Herrn Rechtsanwalt raushängen. Oder vielleicht geht er ja auch fremd.« Inzwischen weiß ich, dass ich ihm unrecht tat.

Schulkrisen sind immer auch Familienkrisen, weil Mütter und Väter unterschiedlich an die Sache rangehen. Meistens sind es die Mütter, die mit ihren Kindern lernen, mit ihnen leiden, sie verteidigen, wenn es nicht läuft. Sie sagen dann, die Lehrer seien schuld, das Schulsystem, die fiese Prüfung oder die Dauerbaustelle im Gehirn ihres pubertierenden Kindes. Und die Väter poltern aus der Ferne, dass die Kinder sich mehr auf den Hosenboden setzen sollten. Und die Mütter sie gefälligst dazu bringen müssten. Schließlich hätten die den Teilzeitjob und mehr Zeit dazu.

Bei uns war es anders. Wir lernten beide mit den Kindern – auch wenn ich wahrscheinlich mehr machte, weil ich »nur«

eine 80-Prozent-Stelle hatte. Vor allem in den ersten Schuljahren.

Vermutlich war ich auch die, die mehr mit den Kindern litt. Aber ich war von uns beiden auch die Ungeduldigere, die Anspruchsvollere, die, die eher mal losschimpfte und sich schneller fragte, wo das alles hinführen sollte, und deshalb aktiv wurde: Ich organisierte die Beratungstermine beim Schulpsychologen, die Nachhilfestunden und meistens auch die Termine bei den Lehrern. Ich konnte oft nicht verstehen, dass die Kinder den Schulstoff nicht so in den Griff bekamen, wie ich es früher als Kind gewohnt gewesen war.

»Du hängst das Ganze zu hoch«, sagte der Kindsvater dann. Und ich fühlte mich unverstanden mit meinen Sorgen und in die falsche Ecke gestellt: Es ging mir schließlich nicht darum, dass ich Überfliegerkinder wollte, die auf dem Gymnasium nur Einsen schrieben. Ich wollte bloß, dass die Mädchen einigermaßen vernünftig bis zur Mittleren Reife kamen. Dann würde man weitersehen.

Der Mann fand, dass ich zwar recht hatte mit meinen Einschätzungen zum Schulsystem und zu den Defiziten der Kinder, und meinte auch, dass ich schon viel Gutes bewirkt hatte beim Lernen. Er fand aber, dass ich dem Ganzen zu viel Bedeutung zumaß: »Es ist bloß Schule. Es ist bloß eine Vier minus in Englisch in der sechsten Klasse. Es ist kein Weltuntergang. Keiner von uns ist krank. Wir sind zusammen, haben keine Geldsorgen und eine bezahlbare Wohnung. Und wir haben tolle Kinder. Lass uns das auch ein bisschen genießen.«

Ich fand, dass er bagatellisierte. Und trommelte auf den Tisch: »Die Greta hat neulich ›nämlich‹ mit H geschrieben. Das ist doch peinlich, das geht doch nicht in der sechsten Klasse.«

Er fand, dass ich übertrieb und dass ich zu wenig versuchte, mich in die Kinder hineinzuversetzen. Und das sei auch der

Grund, warum die Kinder ihm die schlechten Noten beichteten und nicht mir. Ich fand das unfair. Ich war doch kein Unmensch. Ich backte Pfannkuchen mit Kirschen gegen Schulkummer. Und ich machte mich schlau. Und wie zum Beweis wedelte ich dann manchmal mit all den Büchern herum, die ich gerade zu dem Thema las.

Einmal gingen wir deshalb sogar zu einer Paarberatung. Der Psychologe dort ließ uns erzählen. Eine ganze Weile lang. Über die Schule, unseren Leistungsbegriff. Die Kinder. Die Streitereien wegen Mathe, Deutsch und Englisch. Plötzlich fragte er: »Ist Ihre Ehe gut?«

Wir schauten erst ihn verblüfft an. Und dann uns.

»Wieso?«

»Na, Sie sind sehr verschieden!«

Damals fanden wir diese Diagnose frech, fast schon unverschämt und irgendwie übergriffig. Wie kam der Kerl dazu, so was zu sagen? Der kannte uns doch gar nicht. Wollte er uns provozieren?

Heute – wir sind jetzt 19 Jahre verheiratet – kann ich sagen: Dieser Psychologe und seine trockene Einschätzung hatte bei uns eine lang anhaltende Wirkung. »Ist Ihre Ehe gut – Sie sind sehr verschieden«: Wir haben diesen Satz danach noch oft zitiert. Auch jenseits irgendwelcher Schulsituationen. Manchmal lachend und in Weinlaune. Manchmal aber auch nachdenklich und irgendwie wissend, dass an diesem Satz was dran war.

Und auch, wenn uns der Paarberatungsmensch in Sachen Schule nicht wirklich weitergeholfen hat, so bewirkten seine Provokationen immerhin, dass wir uns in der Folgezeit viel über unsere eigenen Schulbiografien unterhielten. Und die waren, das verstanden wir in ruhigen Minuten, tatsächlich sehr verschieden.

Der Mann hatte sich durch die Schule gewurschtelt. Er hatte eine mäßige Mittlere Reife gemacht, danach mit 15 Jahren in der fränkischen Provinz eine kaufmännische Lehre begonnen, in der er unglücklich war. Und weil er während seiner Lehrzeit so unglücklich war, begann er zu lesen, entdeckte Franz Kafka, der noch viel unglücklicher war, und noch ein paar andere unglückliche und komplizierte Schriftsteller, die viele Menschen nicht freiwillig lesen, auch wenn sie sehr kluge Gedanken haben.

Mein Mann aber fand die komplizierten Schriftsteller so tröstlich und so interessant, dass er merkte: »Irgendwas mit Büchern, das möchte ich machen.« Weil das Talent für die Schriftstellerei aber nach seinem eigenen Dafürhalten nicht reichte, machte er nach der kaufmännischen Lehre noch eine Lehre zum Buchhändler – und dann ein paar Umwege, die schließlich zu einem guten Job und einem guten Gehalt führten. Sogar ohne Abitur.

Kurz: Seine Stunde war später gekommen, im Berufsleben, als er herausgefunden hatte, was ihn wirklich interessierte. Und dann war er gut geworden in dem, was er tat. Und er hatte Menschen gefunden, die ihn förderten. Er hatte erlebt: Es gibt auch verschlungene Wege zu einem erfolgreichen Leben, und er traute unseren Kindern zu, dass auch sie ihren Weg gut aus dem Labyrinth herausfinden würden.

Ich kannte nur den geraden Weg.

Und die Schritte auf der Treppe.

Die therapeutischen Kräfte der Frau Katja Stingel

Zurück zu den Kindern: Nicht nur Daniel Pennac, der Schulkummer-Experte mit dem Zahlentrauma, auch jeder Pädagoge kann einem erklären, wie schlechte Noten zu noch mehr schlechten Noten führen: Zuerst ist da eine Fünf, dann kommt die zweite, die dritte. Die Eltern sind beunruhigt, fangen an, Druck zu machen. Das Kind hat Angst vor der nächsten Probe. Die Probe wird wieder nichts. Das Kind fühlt sich als Versager, ist noch frustrierter wegen der schlechten Noten und des Drucks, den die Eltern machen. Die Eltern werden immer ratloser und immer hektischer – fertig ist die Abwärtsspirale. Und nicht selten entwickelt sich daraus dann auch noch eine ausgewachsene Prüfungsangst.

Wie oft hatte ich zu Hause den Eindruck gehabt: Die können das doch. Und dann am nächsten Tag: »Da war alles weg«, sagte Greta. »Ich hatte ein Blackout«, sagte Ida, »ich konnte mich einfach nicht mehr erinnern.«

Meine Kinder waren nicht faul. Doch auch nach dem Übertritt, in der Realschule, blieben ihre Noten sehr schwankend. Und angesichts des Aufwands, den wir betrieben, kann man sogar sagen: Die Ausbeute war ziemlich schlecht und stand in keinem Verhältnis zur Energie und zur Zeit, die die Vorbereitung gekostet hatte. Und keinesfalls waren die Ergebnisse so, dass sie eine Positivspirale zum Drehen bringen konnten.

Greta hatte in diesen Jahren für sich ein ziemlich originelles Mittel gegen Ohnmacht und Hilflosigkeit gefunden, ein Mittel, das ihr half, wenigstens phasenweise auszusteigen aus dem Gefühl, immer die zu sein, die sich passiv bewerten lassen musste – und nie das Heft in der Hand hatte. Sie wurde nämlich Grundschullehrerin.

Darf ich vorstellen: Frau Katja Stingel. Ziemlich jung, ziemlich hübsch. Ein bisschen streng. Und mit einer Vorliebe für lila Tintenroller und hohe Hacken.

Frau Katja Stingel war eine Fantasiefigur. Aber sie war auch sehr real. Sie hatte zum Beispiel einen Mailaccount. Über den schrieb sie mit einer Kollegin, ebenfalls elf Jahre alt: *Sag mal, wir müssen über Valentina sprechen, die macht mir Sorgen. Sie ruft immer rein – und ich glaube, die Eltern lassen sich gerade scheiden. Das müssen wir in der Lehrerkonferenz mal auf die Tagesordnungsliste setzen ...* Und sie hatte wie jede ordentliche Lehrerin Ordner. In den Ordnern waren Arbeitsblätter für die Klasse 1a: Mimi malte lila Marias und probierte die barzigen Brezeln von Bäcker Bimbam. Ali war am Ast und Oma am Lamm.

Frau Stingel hatte sich die Arbeitsblätter und Proben von meiner Freundin Mona kopieren lassen, die ihr beim Übertrittslernen geholfen hatte. Ausgefüllt wurden sie auch. Meistens ziemlich schlampig, manchmal von Frau Stingel selbst, die dann mal kurz wieder Grundschulkind war. Manchmal auch von Ida, damals in der zweiten Kasse. Wichtig war aber nicht das Ausfüllen, sondern das Korrigieren: *Recht so,* stand mit lila Tintenroller unten auf den Arbeitsblättern. Oder: *Ida, du musst genauer lesen.*

Auch kleine Stempel hatte sich Greta besorgt – so, wie sie es aus der eigenen Grundschulzeit kannte. Nach den Arbeitsblättern mussten Hefte her: 25 Hefte. Für jedes Kind eins. Greta trug sich akribisch in ihr Hausaufgabenheft ein, wann im Discounter Bürowochen waren. Sie sparte ihr Taschengeld. Und schlug dann zu. Ich konnte gerade noch verhindern, dass sie auch 25 lila Heftumschläge kaufte. Alle Hefte hatten Namen vorne drauf. Und wenn Greta sich mit ihrer Freundin aus dem Lehrerkollegium traf, nahm sie die Hefte unter den Arm, so als ginge sie jetzt ins Lehrerzimmer.

Besser hätte es sich kein Psychologe ausdenken können. Unser Kind hatte eine wunderbare Art der Kompensation und Psychohygiene gefunden: Endlich saß sie mal am längeren Hebel. Endlich konnte sie mal die Ansagen machen. Und endlich konnte sie bestimmen, ob eine Leistung gut oder schlecht war.

Mir gefiel die Ernsthaftigkeit, mit der sie ihr Rollenspiel betrieb und sich mit ihrem Schulfrust daran abarbeitete. Zwar motzte Ida hin und wieder, dass sie keine Lust mehr hatte, Bildergeschichten über Vater und Sohn zu schreiben, in denen Frau Stingel dann mit ihrem lila Tintenroller herumfuhrwerken konnte. Aber letztendlich profitierten beide Mädchen von dem Spiel: Ida übte ganz nebenbei den Stoff. Und Greta musste beim Probenkonzipieren auch darüber nachdenken, worauf es denn bei einer Leistungskontrolle eigentlich ankam. Insofern übte sie auch auf einer Metaebene.

Am Ende der fünften Klasse hatte Greta ein ordentliches Zeugnis. Damit hätte sie sogar aufs Gymnasium wechseln können, wenn sie dort die Fünfte noch mal wiederholt hätte. Aber sie wollte nicht. Es gefiel ihr auf der Realschule. Sie mochte ihre Klasse. Die richtige. Und die in der Fantasie. Die von Katja Stingel.

Nur einmal wurde ich stutzig. Das war, als ein DHL-Mann bei uns klingelte und ein Päckchen ablieferte. Ich hatte nichts bestellt. Es sah nach Büchern aus. Bestimmt mein Mann, er bestellte schließlich häufig Bücher.

Ich fragte ihn am Abend: »Sind das deine …?«

»Nö!«

»Aber dein Name steht doch drauf …!?«

Ich machte das Päckchen auf: Darin befand sich Fachliteratur für die Grundschule. Ich checkte den Verlauf beim Onlineshop.

Doch, doch, alles richtig. Die Bestellung war am 24. April raus, auf den Namen meines Mannes. Machte er neuerdings ein Abendstudium? Was hatte er damit nur vor? Die Wahrheit war: Katja Stingel hatte das Paket bestellt. Aus Versehen. Per ClickandBuy im Onlineshop. Wir hatten vergessen, eine ordentliche Kindersicherung zu installieren.

Heute muss Greta selbst lachen, wenn wir diese Geschichte erzählen. Auch dass es für sie zwischen acht und elf Jahren das Höchste war, Mona, meine Grundschullehrerin-Freundin, in Schulbuchverlage zu begleiten. Und dort zu schauen, was es Neues gab für Katja Stingels Schreibtisch.

Etwa gegen Ende der sechsten Klasse hörte Gretas Begeisterung fürs Grundschullehramt auf. Sie wollte jetzt nicht mehr Frau Stingel sein. Sie wollte Heidi Klum sein und den Catwalk von Ida auf unserem Flur bewerten: »Dein Walk war super, aber du musst beim Posen aufpassen ... und mach schöne Füße!«

Die Zeit der Schul-Rollenspiele war vorbei.

Jetzt brauchten wir neue gute Geister.

Was uns noch beim Durchhalten half

Als Ida in der Unterstufe war, ging ich mit ihr doch noch mal zu einem Arzt, einem Neurologen, der sich mit Lernstörungen auskannte.

Der Anlass war ein Film, den wir durch Zufall im Fernsehen gesehen hatten: »Keine Zeit für Träume«.[31] Er lief im Öffentlich-Rechtlichen und handelte von der kleinen Merle, die einfach nicht klarkommt, weil sie in der Schule immer träumt.

Ihre Eltern und natürlich vor allem ihre Mutter versuchen ihr zu helfen mit Lernprogrammen, aber es nützt nichts. In einer Szene sitzt Merle in der Matheschulaufgabe, und nachdem sie bereits einige Aufgaben eifrig gerechnet und richtig gelöst hat, beginnt sie zu tagträumen und in die Luft zu starren, auf ihr Mäppchen, aus dem Fenster. Hinterher würde sie sagen: »Das ist, wie durch ein Kaleidoskop zu schauen.«

Ida saß neben mir auf dem Sofa und sagte: »Die ist ja wie ich, Mama. Neulich in der Englischschulaufgabe, als ich nicht fertig geworden bin, das lag daran, dass ich fünf Minuten lang auf meinem Geodreieck die Striche gezählt habe, statt die Aufgaben zu machen.«

In dem Film hat Merle eine Aufmerksamkeitsstörung. Ohne H. Die verträumte Variante von ADHS. Merles Eltern streiten sich. Weil Merles Mutter so aktionistisch ist und immer üben will. Und Merles Vater das übertrieben findet. Und weil Merles Mutter es irgendwann mit Tabletten versuchen will. Merles Vater aber lieber nicht. Und weil Merles Oma zu denen gehört, die meinen, ADHS, egal ob mit oder ohne H, sei sowieso nur eine Erfindung der Pharmaindustrie, damit die noch ein paar mehr von ihren Pillen verkaufen könne.

Merles Mutter hat noch ein älteres Kind von einem anderen Mann. Das macht keine Probleme – außer der »normalen«, die mit der Pubertät zusammenhängen. Und zwischen den Zeilen spürt man die narzisstische Kränkung des Vaters: Vielleicht hat das Kind ja von ihm die »schwachen« Gene geerbt ...

Ich erzählte dem Arzt von dem Film und sagte: »So ähnlich quälen wir uns auch seit Jahren durch die Schule.« »Ja«, sagte Ida, »ich lerne immer, ich streng mich an, aber es kommen meistens nur Vierer raus. Neulich hatte ich vor der Mathe-Schulaufgabe drei Nachhilfestunden. Und hab eine Fünf geschrieben. Jetzt hab ich keinen Bock mehr.«

Der Doktor nickte und sagte, ja das könne er sehr gut verstehen. Dann machte er ein paar der unvermeidlichen Tests und stellte fest, das Kind habe wohl kein ADHS, aber ein Konzentrationsproblem und vor allem ein Problem mit der Merkfähigkeit.

Was das genau heiße, wollte ich wissen. »Der Schulstoff, die Informationen bleiben nicht hängen. Ida muss die Inhalte um ein Vielfaches häufiger wiederholen – und hat trotzdem kein optimales Ergebnis. Sie kann gar nichts dafür. Schimpfen sie nicht zu viel!«

»Und was kann man da tun?«, fragte ich. »Einfach wegmachen kann man das nicht«, sagte der Doktor. »Aber Sie können für gute Vibrations und eine entspannte Arbeitsatmosphäre sorgen. Denn Emotionen beeinflussen das Arbeitsgedächtnis. Und viel Lesen. Lesen trainiert die Merkfähigkeit.«

Ich seufzte wegen der guten Atmosphäre.

Und wegen des Lesens. (Mehr dazu im übernächsten Kapitel …)

Hätte ich damals gewusst, was mir ein engagierter Hamburger Kinderpsychiater namens Michael Schulte-Markwort Jahre später mal bei der Recherche für dieses Buch erzählen würde, wäre ich hellhöriger geworden: Nämlich dass es nicht wenige Kinder mit einem schlechten akustischen Kurzzeitgedächtnis gibt und dass das im Prinzip ähnlich wie Dyskalkulie oder Legasthenie das Lernen erheblich beeinträchtigt (siehe auch Seite 51).

Aber eine schlechte Merkfähigkeit klang für mich eher nach einer Verlegenheitsdiagnose. Ich weiß noch, wie ich dachte: »Na ja, wenn sie was interessiert, kann sie sich ziemlich viel merken – zum Beispiel die Choreografie beim Hip-Hop-Tanzen. Oder die englischen Vokabeln in der Liedzeile von Taylor Swift: ’Cause, darling, I’m a nightmare dressed like a daydream.«

Die Sachen in der Schule interessierten sie eben nicht, vermutlich auch, weil der Unterricht mitunter zu wenig inspirierend war – und deshalb rutschte das durch.

Außerdem schien das wankelmütige Gedächtnis in der Familie zu liegen: Schließlich konnte sich auch Idas Vater nie Namen merken und drückte mir auf jeder Veranstaltung einen Ellbogen in die Seite, um zu fragen, wie die Frau, die sich gerade zu uns gesellt hatte und die wir schon länger kannten, noch mal hieß: »Marianne oder Maja, das war doch irgendwas mit M ...«

»Sie heißt Luisa«, flüsterte ich dann meistens. Und musste fünf Minuten später mit anhören, wie der Mann sagte: »Du Lena, ich geh mir mal eben was vom Buffet holen.«

Damals beim Neurologen fragte ich den Doktor leicht desillusioniert und mäßig motiviert: »Gibt es neben Lesen und guter Stimmung noch was, was ich für Idas Gedächtnis tun kann?« »Ja: Weiter üben. Und vor allem Techniken lernen, die die Merkfähigkeit erhöhen. Mindmapping zum Beispiel. Und das Verschriftlichen von Schlagworten. Aufschreiben ist für Ida besonders wichtig. Was sie sieht, bleibt besser hängen.

Am besten sie schicken sie in einen Kurs, in dem sie Lernstrategien vermittelt bekommt.« Er gab mir ein Infoblatt. Darauf standen Webadressen für Lerncoachings. »Und überhaupt«, sagte der gute Mann, »machen Sie das mit dem Üben nicht selbst. Das kann nur schiefgehen. Vor allem in der Pubertät.«

Was er nicht sagte!

Ida besuchte dann tatsächlich einen Kurs für Lernstrategien. Das war die Zeit, in der in unserer Wohnung alles voller Listen hing. In Idas Zimmer. An der Tür. Neben dem Klo und im Bad. Schließlich stand man da allmorgendlich, putzte sich die Zähne und bürstete sich die Haare, da konnte man noch mal schnell auf die Liste mit den unregelmäßigen Verben schauen – oder auf das Distributivgesetz, das Kommutativgesetz, das Assoziativgesetz.

Ich fand das gut. Einerseits. Andererseits wurde die Schule in unserer Wohnung jetzt noch sichtbarer. Und manchmal, wenn ich in der Wanne lag und, umhüllt von Lavendelduft, in einen schönen entspannten Dämmerschlaf versank, schreckte ich plötzlich hoch, weil ich mir einbildete, dass Napoleon, der gerade in Idas Geschichtsunterricht behandelt wurde, von seinem gemindmappten Schaubild an der gekachelten Wand gesprungen war, um mich nackt, wie ich war, zu kidnappen und mit nach Korsika zu nehmen ...

Und die Lehrer?
Ein Appell für mehr Artenschutz

Manchmal hätte ich mir gewünscht, ich hätte so richtig schimpfen können auf die bescheuerten Lehrer. Lehrer-Bashing ist nämlich nicht nur sehr angesagt, sondern hat durchaus reinigende Wirkung: Endlich hat man einen Schuldigen für die Misere – und muss es nicht mehr selbst sein. Oder sein Kind als mangelhaftes Wesen betrachten. Ich weiß das deshalb so genau, weil ich mehr als einmal auf Geburtstagsfeiern war, bei denen lauter Mütter schulpflichtiger Kinder saßen und sich bei Aperol und Macarons in eine Bad-Teacher-Hitliste reinsteigerten.

Auch meine Kinder hatten immer mal wieder doofe Lehrer. Solche, die keine Ahnung von Kindern zu haben schienen und offenbar Chemie studiert hatten wegen Chemie und nicht wegen der Kinder. Aber dann hatte es nicht gereicht für eine wissenschaftliche Karriere, und so waren sie im Schuldienst gelandet.

Oder Lehrer, die einfach schlechten, uninspirierten, langweiligen Unterricht machten und zwanzig Jahre lang die gleichen Arbeitsblätter austeilten, weil sie keine Lust hatten, sich neu vorzubereiten.

Oder die, die sich wegen eines gebrochenen kleinen Fingers vier Wochen krankschreiben ließen oder größere OPs in der zweiten Woche nach den großen Ferien anberaumten. Dann mussten die Hilfslehrerinnen noch mehr ran als sonst und den Stoff, der ausgefallen war, zu Hause nachholen.

In einem Schuljahr, es war irgendwann in der Unterstufe, hatte Ida mal ein Jahr lang sehr wenig Deutsch. Gefühlt fiel jede zweite Stunde aus. Irgendwann rotteten sich die Eltern im Netz zusammen, und es entstand eine lange Onlinediskussion, in der sich alle ihren Frust von der Seele schrieben. Schließlich verfasste der damalige Elternsprecher eine geharnischte Mail an die Schulleitung und leitete den ganzen Thread an sie weiter.

Die Schulleitung lud daraufhin den Elternsprecher zum Gespräch ein, was er ebenfalls im Netz kundtat – denn er war immer noch wütend. Da sagte mein Mann: »Ich geh mit. Als Mediator. Wenn wir uns jetzt alle zanken, führt das ja zu nix und schon gar nicht zu besserem Deutschunterricht.«

Zu dritt wurde es dann ein recht konstruktives Gespräch, bei dem die Schulleitung zugab, sie finde einfach keine Vertretungslehrer. Der Markt sei total leer gefegt, aber sie würde sich darum kümmern, dass die besagte Lehrerin in Zukunft weniger mit außerhäusigen Projekten beschäftigt sei und mehr textgebundene Aufsätze mit den Kindern übe.

Das tat sie tatsächlich: Es gab dann mehr Deutsch – und die Hilfslehrerin zu Hause musste nicht mehr ganz so viele Schulaufgabentrainer durcharbeiten, in denen Satzanfänge, Stilmittel und Textarten erklärt wurden. Gut war der Unterricht trotzdem nicht.

Lehrerschelte von Ida und Greta: Wir finden es doof, wenn ihr ...

... zu jeder noch so kleinen Prüfung blöde Plastikwände mitbringt, die wir zwischen die Tische bauen müssen. Ihr nennt das Konzentrationshilfen. Wir nennen es Anti-Mogel-Schikane. (Greta)
... in Bio Kopien über den Aufbau der Zelle austeilt, und die sind dann so schlecht gedruckt, dass kein Mensch sehen kann, was mit der Zelle los ist, und unsere Hilfslehrerin zu Hause auch nicht weiter weiß. (Greta)
... acht Wochen braucht, um unsere Proben zu korrigieren, und wenn wir dann motzen, sagt, ihr habt es nicht früher geschafft, weil gerade so viel zu tun ist. Wir haben auch gerade viel zu tun und dürfen nicht sagen, dass wir es nicht schaffen. (Ida)
... an einem Tag zwei unangekündigte Exen schreibt. Könnt ihr euch nicht mal ein bisschen absprechen!? (Greta)
... Freitag vielsagende Andeutungen macht, dass wir exxxtra gut für Chemie lernen sollen, uns das Wochenende vermiest – und dann am Montag doch keine Ex schreibt. Das macht mich immer ganz verrückt. (Ida)
... immer bloß vorne steht und uns zutextet. Es gibt doch auch noch was anderes als Frontalunterricht. (Greta)
... ständig Fremdwörter benutzt und komische Sachen sagt wie: »Ich schick dich in die Diaspora.« (Ida)
... Übungsaufsätze aufgebt und es nicht schafft, sie bis zur Schulaufgabe zu korrigieren. (Ida)

Tatsächlich gibt es aber auch sehr viele, sehr nette und engagierte Lehrer. Meine Freundin Mona zum Beispiel ist eine davon. Oft sehe ich, wie viel Mühe sie sich macht, um für die Kinder einen interessanten Unterricht vorzubereiten. Sie denkt sich

Rätsel aus, studiert Musicals ein, schreibt ausführliche kleine Verbesserungsvorschläge an 26 Aufsätze. Sie macht Ausflüge in pädagogisch wertvolle Museen und führt lange Lern- und Entwicklungsgespräche.

Da sie bereits in verschiedenen Grundschulen gearbeitet hat, hat sie Kinder aus den unterschiedlichsten Elternhäusern unterrichtet. Und als ich mich bei ihr beklagte, dass ich dauernd als Hilfslehrerin einspringen müsse und Dinge erledigte, die die Schule nicht schaffe, erklärte sie mir, dass sie mitunter das gleiche Problem habe, nur umgedreht: Sie übernehme nämlich Aufgaben, die eigentlich ins Elternhaus gehörten: »Ich bringe den Kindern bei, dass man ›Bitte‹ und ›Danke‹ sagt, wie man die Schuhe zubindet und wie ein ordentliches Frühstücksbrot aussieht.«

Viele Eltern, sagte Mona, seien 24/7 mit der Existenzsicherung im teuren München beschäftigt: »Die schaffen es einfach nicht, ihre Kinder zu erziehen und ihnen die Zeit zu schenken, die sie brauchen. Und dann soll ich das tun.«

Und manchmal erzählte sie mir auch von den aufgebrachten Eltern, die schon in ihrer Sprechstunde saßen und gleich die Schulleitung sprechen wollten, weil sie fanden, ihr Kind würde von ihr ungerecht behandelt. Oder von denen, die nie kommen, weil sie selbst mit ihrem Leben überfordert sind, und wie leid ihr die Kinder dann tun, weil sie genau weiß, die haben zu Hause niemanden, der ihnen noch mal erklärt, wie das mit der Uhr geht. Oder der einfach nur morgens mit ihnen aufsteht, ein paar Cornflakes hinstellt und ihnen »Tschüs« hinterherruft.

Die Forscher der *Eltern – Lehrer – Schulerfolg*-Studie fassen Monas und meine Erfahrungen wie folgt zusammen:

Eltern übernehmen Aufgaben, die Hoheit der Lehrer sind, nämlich die Vermittlung und Einübung von Schulstoff. Daher sind Eltern fachlich, methodisch und pädagogisch zu Konkurrenten der professionellen

Arbeit von Lehrer/-innen und des Schulsystems geworden und umgekehrt Lehrer/-innen zu einer Konkurrenz und Autorität bei Themen der Erziehung und des familiären Miteinanders.[32]

Dass es in diesem Konkurrenzkampf, bei dem die Aufgabenbereiche nicht mehr richtig getrennt sind, immer häufiger zu Konflikten zwischen Eltern und Lehrern kommt, ist eigentlich kein Wunder.

Ein Wunder ist es wohl eher, dass ich mit den allermeisten Lehrern meiner Töchter sehr gut klargekommen bin und nur selten Konflikte hatte. Nein, ich habe sie nicht beneidet um ihren Job. Denn die Klassen, in denen meine Mädchen unterrichtet wurden, waren fast ausnahmslos knallvoll, und ich habe mich immer gefragt, wo eigentlich der Geburtenrückgang der späten Neunziger- und frühen Nullerjahre zu besichtigen ist. In den Schulen meiner Kinder jedenfalls nicht.

Trotzdem nahmen sich die Lehrer immer Zeit, wenn ich in die Sprechstunde kam – denn ja, ich ging meistens in die Sprechstunde und nicht zum Elternsprechtag. Ich finde nämlich, Elternsprechtage sind merkwürdige Einrichtungen: eine Art Speeddating, das für jede Mutter und jeden Vater maximal zehn, oft nur fünf Minuten vorsieht.

Ich habe noch nie einen Elternsprechtag erlebt, bei dem das funktioniert hat. Die Folge ist jedes Mal, dass die ganze Zeitplanung durcheinandergerät. Es entstehen im Flur Staus vor den Zimmern der Lehrer, und da sitzt man dann wie auf der Anklagebank und kann sich von seinem Sitznachbarn verrückt machen lassen, weil der von irgendeiner Prüfung erzählt, von der man in diesem Augenblick zum ersten Mal hört.

»Wie, europäischer Computerführerschein?«

»Ja machen die doch gerade!«

»Ach ja?«

»In zwei Wochen ist Prüfung!«

Sprechstunden sind da besser. Man macht einen Termin aus und hat dann eine ganze Schulstunde Zeit. Allerdings sind die Sprechstunden meist dienstags um zehn oder mittwochs um 11 Uhr 35, weshalb Väter meistens sagen: »Also, ich kann da nicht, ich muss arbeiten.«

Ich musste für gewöhnlich auch arbeiten, ging aber trotzdem hin. Denn in den Sprechstunden erfuhr ich jedes Mal eine ganze Menge. Die Lehrer erzählten mir Geschichten abseits der Noten. Wie meine Kinder sich sonst so in der Schule verhielten.

Dass Ida zwar sehr hibbelig sei und auch gerne reinrufe, wenn sie etwas besonders interessant finde. Aber auch jetzt schon seit fast drei Jahren ihre Aufgabe als Klassensprecherin sehr gut erfülle und dass sie wichtig sei für die Dynamik in der Klasse. Dass Greta mündlich super sei und gute Fragen stelle. Dass beide ein ausgeprägtes Gerechtigkeitsempfinden hätten und ihre Gefühle gut ausdrücken könnten. Sehr engagiert beim Streitschlichten seien. Und die Umwelt-AG mit top Engagement organisierten.

Was ich hörte, waren Geschichten aus dem Schulalltag, von ganzen Kindern, nicht nur von Notenschreibern. Hach! Bitte mehr davon!

Einmal erfuhr ich in der Sprechstunde auch, dass Ida einen Film mit in die Schule gebracht hatte, der für Aufregung bei den anderen Eltern gesorgt hatte: »Fifty Shades of Grey – Gefährliche Liebe«.

»Finden Sie nicht, dass so ein Film für eine Zwölfjährige etwas zu früh ist?«, fragte die Lehrerin.

Und ich fing an rumzustottern: »Äh, was, ja natürlich, geht gar nicht. Ich weiß auch nicht, wo sie den herhat.«

»Ja«, sagte die Lehrerin und wurde dann ernst und pädagogisch. »Die Mädchen haben ja meistens noch keine sexuellen Erfahrungen in dem Alter, da sollte man eher zurückhaltend sein mit solchen Darstellungen.«

Ich wurde rot und fühlte mich ein bisschen pornös. So ähnlich wie damals, als die Grundschullehrerin den »Penisschlitten« mit Fragezeichen garniert hatte. Zu Hause stellte sich dann raus, dass Greta den Film von einer älteren Freundin geliehen hatte. Und Ida Greta den Film heimlich geklaut und dann mit in die Schule genommen hatte, weil sie das cool fand und die anderen Mädchen damit beeindrucken wollte – und das auch schaffte.

Viele Lehrer, mit denen ich sprach – und dazu gehören auch einige meiner Freundinnen, die Lehrerinnen sind und gelegentlich aus dem Nähkästchen plaudern –, kritisierten ganz offen das Schulsystem: dass sie keine Zeit hätten, die Dinge zu vertiefen. Dass es im Lehrplan zu viel ums Pauken und zu wenig ums Begeistern gehe. Dass die Kinder morgens um acht noch im Koma seien – jedenfalls spätestens ab der siebten Klasse. Denn in der Pubertät ticke ja bekanntlich die innere Uhr anders – und so dösten die meisten in der ersten Stunde noch chronobiologisch sediert und wie in einer Art Dauerjetlag vor sich hin. (Aus genau diesem Grund verfügte kürzlich übrigens das Kultusministerium in Hannover, dass die Schulen nun selbst entscheiden dürfen, wann sie mit dem Unterricht beginnen. Leider gehen meine Kinder nicht in Niedersachsen zur Schule.)

Manche meiner Lehrerfreunde bemängelten auch, dass die Pausen zu kurz seien für einen Schultag bis drei oder vier Uhr nachmittags. Und dass es keine Zeit gebe, mal was Richtiges zu essen. Geschweige denn eine Schulmensa.

Sie klagten über das ständige Geprüfe. Und den Zwang, in die Proben extra schwere Aufgaben einzubauen: »Wenn zu viele Einser und Zweier sind, kriegt man Stress – denn das heißt nicht, dass man guten Unterricht gemacht hat, sondern dass die Probe zu leicht war …«

Und zusammen schimpften wir dann noch ein bisschen über den Zustand der Schulen in einem Land, das von den Politikern ständig als Bildungsrepublik ausgerufen wurde – aber wenn es darum ging, die Bildungsrepublik richtig auszustatten, war doch kein Geld da – und irgendwas anderes wichtiger.

Mir gegenüber waren die Lehrer meiner Töchter im Rahmen ihrer Möglichkeiten fast immer konstruktiv: Sie machten Vorschläge, wie unser Kind besser üben könnte. Gaben Tipps für gutes Übungsmaterial. Boten an, Übungsaufgaben zu korrigieren. Und sagten, das Kind könne ja auch mal ein Referat halten, um eine schlechte schriftliche Note auszugleichen.

Sie wunderten sich mit mir über die letzte versemmelte Chemieprobe: »Kurz vorher war sie noch an der Tafel und konnte das top, aber dann in der Probe: 10 von 21 Punkten, komisch – und hier, die letzten zwei Aufgaben hat sie gar nicht gemacht.«

Manche schrieben Wochen nach unserem Gespräch auch noch mal eine Mail an die verzagte Hilfslehrerin. Sie hätten den Eindruck, es gehe jetzt besser: »Kopf hoch, Frau Willers. Ihre Kleine kriegt auch noch die Kurve …«

Nein, die Lehrer waren nicht meine Gegner. Die wahren Feinde einer Hilfslehrerin sind eher die Ratlosigkeit. Die Erschöpfung. Die Angst vor der Resignation.

Und eine Erfindung, die wahrscheinlich so bahnbrechend wie der Buchdruck ist, nur leider für Kinder nicht so pädagogisch wertvoll – und deshalb für Eltern ein starker Lern- und Erziehungsgegner.

Das Smartphone.

Bitte ein Funkloch!

Das Kind liegt auf dem Bett. Und hat einen flackernden Blick. Die Pupillen kreisen hektisch im blauen Schein des Displays. Das Kind, zu dem die Pupillen gehören, rührt sich nicht. Es balanciert einen kleinen rechteckigen Kasten auf dem horizontal gelagerten Oberkörper und schaut so gebannt in diesen Kasten, dass es nicht mal merkt, wie ich die Tür aufmache.

»Wolltest du nicht Englisch lernen?«
Keine Reaktion.
»Ida!«
»Hm ...«
»Hausaufgaben!«
»Gleich.«
»Nicht gleich, jetzt!«

Ich mache einen Schritt Richtung Bett. Will nach dem rechteckigen Teufelsding greifen. Will es an mich nehmen. Am liebsten in den Müll schmeißen. Oder wenigstens verstecken. Gut verstecken. Doch eine Hand, Idas Hand, ist schneller als meine, steckt es unter den Pulli. Klar, ich könnte jetzt versuchen, das Kind irgendwie festzuhalten, und das Handy unter dem Pulli hervorziehen. Aber dann, ich kenne das schon, gäbe es erst Geschrei und dann Türenknallen, was einer konzentrierten Arbeitsatmosphäre wenig zuträglich ist und auch nicht zu mehr Einsicht führt. Und so bleibe ich jetzt auf der Bettkante sitzen und hoffe auf eine Eingebung: Gibt es nicht irgendeine Taktik, irgendeine pädagogisch vernünftige Strategie, um die Sache mit diesem Teufelsding in den Griff zu kriegen – auch jenseits von roher Gewalt?

Das Ding ist immer noch unter dem Pulli. Und gleich wird die Hand der Teufelsding-Besitzerin tippen: *Meine Mom will dass ich lern. Hab ich keine Lust zu … und ihr so?* Die Nachricht wird mit ein paar missmutigen Emojis und einem gesenkten Daumen an die Klassengruppe rausgehen. Doch auch ohne sie zu lesen, verstehe ich die Botschaft. Denn im Raum scheint es zu raunen: »Gegen mich hast du keine Chance. Ich gewinne immer. Ich habe das, was Englisch, Mathe und Deutsch nicht haben: Suchtpotenzial. Mit mir kann man Spaß haben. Freunde treffen. Bilder machen. Bilder anschauen. Chatten, chillen, auf Instagram Follower kriegen, auf Snapchat Flammen sammeln.«

Wozu man eigentlich Flammen sammelt, habe ich Ida mal gefragt. »Ach«, hatte sie gesagt, »einfach so. Damit man sich fame fühlt.«

»Du Mistding«, will ich jetzt dem Smartphone zurufen. Du hältst das Kind vom Lernen ab. Du machst es ganz wuschig, unkonzentriert, verwirrst das Kinderhirn mit deinen Funktionen, die zu nichts führen, außer zu ständiger Ablenkung. Die Aufmerksamkeitsspanne eines starken Internet- und Gadgetnutzers ist zwischen dem Jahr 2000 und 2013 von zwölf auf acht Sekunden gesunken – und liegt damit unter der eines Goldfischs: Dieses Ergebnis einer Studie von Microsoft Kanada sorgte vor einigen Jahren für mediale Aufmerksamkeit und für Bestürzung. Denn nun musste man annehmen, dass wir bald mit unserer Konzentration auf dem Niveau eines Fadenwurms angelangt sein würden. Der Ursprung der Daten, die zum Goldfisch-Vergleich geführt hatten, erwies sich zwar im Nachhinein als fragwürdig.[33] Ich bin trotzdem geneigt, weiter daran zu glauben, wenn ich meine Kinder beim Abarbeiten ihrer Hausaufgaben beobachte. Und ihre hektischen Blicke aufs Smartphone.

Pling macht das Teufelsding unter Idas Pulli, *pling* und wieder *pling*. Die Hand zieht den Pulli ein kleines Stück weg. Der Kopf senkt sich, so gut es geht, die Pupillen versuchen die

Nachricht unter dem Pulli zu entziffern. Eine Leonie schreibt: *Voll doof. Englisch und so. Kannma einer des Arbeitsblatt abfotografiern. Meins habich in der Schule vergessen.*

»Stimmt«, denke ich, »dazu kann man das Teufelsding ja tatsächlich auch gebrauchen.« Man kann Arbeitsblätter abfotografieren und Notizen von der Tafel, die jetzt »Whiteboard« heißt. Man könnte auch Tutorials anschauen, in denen schlaue Leute Chemie und Physik erklären. Oder andere sinnvolle Dinge tun.

Vielleicht wäre es keine schlechte Idee, wenn die Schule genau das auf ihren Lehrplan setzen würde und den Kindern auch jenseits von Safer Internet Days beibrächte, wie man das Smartphone sinnvoll nutzt. Und: Wie man mit dem ewigen Plingpling umgeht.

Der Trend geht allerdings in die andere Richtung: Gerade ist in Frankreichs Schulen ein allgemeines Handyverbot eingeführt worden. Auch an Idas Schule müssen die Handys meist ausgeschaltet sein: Wer beim unerlaubten Daddeln oder Telefonieren erwischt wird, kriegt einen Verweis.

Und tatsächlich gibt es durchaus Studien, die den restriktiven Schulleitungen recht geben. So haben beispielsweise zwei Ökonomen der London School of Economics Testergebnisse von 16-jährigen Schülern in England vor und nach der Einführung des Handyverbots an ihrer jeweiligen Schule verglichen und dabei herausgefunden, dass die Leistungen um 6,4 Prozent angestiegen waren – auf ein Schuljahr bezogen so viel, wie die Schüler sonst an fünf zusätzlichen Tagen lernten ...[34]

»Los, Ida, gib jetzt das Handy her«, versuche ich es wieder. Ich sitze inzwischen auf der Bettkante, will den richtigen Moment finden, in dem ich zuschnappen kann. Das Kind juxt rum, so als wäre ich ein Hund, dem man eine Wurst hinhält.

Pling. Pling.

Ida liest laut eine Nachricht vor von einer Kati: *»Kannma einer sagen, wo des mit den prepositions im Buch steht.«*

Buch! Dass es dieses Wort in der Lebenswelt meiner Zweitgeborenen überhaupt noch gibt, wundert mich in diesem Moment fast ein bisschen. Von klein auf hatten wir versucht, unseren Kinder das Lesen schmackhaft zu machen. Lesen bildet. Lesen weitet den Horizont. Lesen strukturiert das Denken, fördert den Wortschatz, die Ausdrucksfähigkeit, die Rechtschreibkompetenz und: die Fantasie! Kinder, die lesen, sind besser in Deutsch. Und wenn sie auf Englisch lesen, auch besser in Englisch. Können sich Sachen besser merken. Sind fokussierter.

Das sagen die Psychologen, die Ärzte, die Hirnforscher. Und das hatte doch neulich auch der Neurologe gesagt, der Ida eine schlechte Merkfähigkeit bescheinigte. Wir hätten es auch so gewusst, dass Bücher etwas Wunderbares sind. Schließlich steht unser Wohnzimmer voll davon. Wir haben sicher 100 Regalmeter Literatur: Sachbücher, Belletristik, Bildbände, Kinderbuchklassiker und die wunderschönsten Bilderbücher.

Vor allem der Mann ist ein leidenschaftlicher Leser. Und als die Kinder klein waren, hatte er ihnen auch leidenschaftlich gern vorgelesen. Jeden Abend. Und manchmal auch zwischendurch: *Die Geschichten vom Franz. Frau Meier, die Amsel. Bauer Beck fährt weg. Der Maulwurf, der wissen wollte, wer ihm auf den Kopf gemacht hat. Wo die wilden Kerle wohnen:* Ich erinnerte mich noch an all die Gestalten aus Kindergartentagen. Die Geschichten hatten einen besonderen Zauber, sodass die Kinder sie wieder und wieder hören wollten – und die Figuren fast mit uns lebten.

In der Grundschule kamen dann *Das Magische Baumhaus. Die wilden Hühner. Die drei !!!. Die Rote Zora.* Irgendwann wollten wir nicht mehr vorlesen. Wir fanden, die Kinder könnten selber lesen. Doch immer hatten sie sich mehr für die entsprechenden Verfilmungen interessiert.

Und wenn sie überhaupt selbst lasen, waren es schnell konsumierbare Comicbücher ... Ja, leider. Unsere Töchter blieben weit entfernt davon, Leseratten zu werden.

Und dann kam das Smartphone.

Pling. Pling.

Eine Helene schreibt: *Wo isn der Unterschied zwischen look after und look at?*

Ich sitze immer noch auf der Bettkante vor meinem Kind, warte auf Einsicht oder eine günstige Gelegenheit und versuche mich zu erinnern, wie oft ich diesen Kampf schon gekämpft habe. Den Kampf gegen das verdammte blinkende, piepende und hirnverwirrende Teufelsding. »Denken ist wie googeln – nur krasser«, las ich neulich auf einem T-Shirt. Und hatte sofort ein paar krasse Gedanken: Unsere Eltern, kam es mir in den Sinn, hatten es in Sachen Medienerziehung leichter. Sie mussten nur gegen die Flimmerkiste kämpfen. Und das auch erst ab 16 Uhr. Denn vorher gab es nur Testbilder ... Aber wir Eltern heute kämpfen täglich einen 24-Stunden-Kampf.

Am Anfang der Unterstufe habe ich den Kampf auch noch mit dem Mann gekämpft. Ich fand, es war noch zu früh für ein Smartphone. »Ach was«, hatte der Mann gesagt, »das braucht man heute doch, um dazuzugehören. Und wie soll man lernen, mit dem Ding umzugehen, wenn man gar keins hat?«

Ich hatte nachgegeben, aber darauf bestanden, über den Router Zeitkontingente fürs WLAN einzurichten: Zwei Stunden am Tag reichten – fand ich. Meine Kinder haben mich dafür gehasst.

Doch auch das hielten wir nur ein paar Monate durch. Weil Ida einfach zu ihrer Freundin gegenüber ging und dann da das Netz nutzte. Und weil Greta der Ansicht war, sie habe mehr WLAN verdient in ihrem Alter. Und dann kamen wir mit den Kontingenten durcheinander. Stellten den Router aus, wieder an, wieder aus. Und vergaßen, was wir mit den Kindern ausgemacht hatten.

Heute bereut der Mann seine liberale Haltung zum frühen Handykonsum: Er sagt, wir hätten die Sache viel früher viel ernster nehmen müssen. Gerade bei Ida, die ja Konzentrationsprobleme hat und sich leicht ablenken lässt, hätte er da besonnener sein müssen – und auch das erste Smartphone habe sie zu früh bekommen.

Er sagt, er ärgere sich, dass er mir in dieser Sache nicht mehr den Rücken gestärkt habe. Und dass man, so sehe er das heute, die Kinder nicht unbegleitet dem Digitalen überlassen könne. Zu spät habe er angefangen, sich die Anwendungen und Inhalte, die die Mädchen liebten, genauer anzuschauen und mit ihnen über Nutzen und Nachteil zu sprechen.

Und ich? Ich betreibe bei Ida inzwischen nur noch Krisenintervention. Vor Schulaufgaben und während der Hausaufgaben kassiere ich das Smartphone ein – wenn ich da bin. Denn wenn das Smartphone im Zimmer ist, während Ida lernt, bleibt sie keine fünf Minuten konzentriert. Ach was, keine zwei Minuten!

Schon wieder Nachrichten: *pling*. Ich linse aufs Display des Smartphones in der Hand, die jetzt wieder auf dem – *pling* – Pulli liegt. Jetzt müsste doch langsam mein Moment kommen ...

Kati schreibt: *Was läuft so? Gähn ... voll öde. Schonma auf das Arbeitsblatt geguckt. Checkich nich.*

Leonie schreibt: *Nö!*

Helene schreibt: *Voll viel!*

Ein Ben schreibt: *Chillen wir heut Abend alle am Eisbach?*

Ich denke, hä? Ben? Wieso eigentlich Ben? An einer Mädchenrealschule? Und was bitte ist »Schonma«? Ja, ich bin sicher, Smartphones sind schuld, wenn die Jugend von heute in fünf Jahren kein ordentliches Deutsch und keine ordentliche

Rechtschreibung mehr beherrscht. Ich weiß, das klingt ziemlich kulturpessimistisch – aber Smartphone-Deutsch lässt jede Hilfslehrerin verzweifeln. Statt Adjektiven gibt es Emojis. Statt Grammatik Sätze wie: *Ich bin jetzt Pasing-Arcaden. Kommst du auch hin?* Groß- und Kleinschreibung? Fehlanzeige – da muss man ja extra die Shift-Taste drücken. Und Kommasetzung? Nie gehört.

Erst kürzlich entdeckte ich in einem Baumarktprospekt ein Angebot: *Diehlenboden, Quadratmeter für 12 Euro.* Und vor einer Bäckerei auf einem Schild: *Frischer Flaumenkuchen.* Und die Deutsche Bahn, so las ich kürzlich, will jetzt für Bewerbungen die Anschreiben abschaffen, damit die jungen Leute nicht mehr so viel formulieren müssen – und, so ist zu vermuten, auch weniger verbaler Murks in den Posteingängen der Personaler landet.

»Sag mal, Ida, kennst du eigentlich die Geschichte von dem Biolehrer an der Fivay High School in Florida?«

Ida schaut mich an, in jeder Pupille ein Fragezeichen.

»Der Lehrer installierte auf eigene Faust einen Störsender und legte die Handysignale nicht nur in der Schule, sondern im gesamten Stadtbezirk lahm ...«

»Echt jetzt«, fragt Ida, »voll krass!«

Und als das Kind »voll krass« sagt, ist es für einen Moment abgelenkt. Ich nutze die Gunst der Sekunde und – *schwupps* – ist es weg.

»Du kriegst es wieder, wenn du Englisch fertig hast«, rufe ich, springe hoch von der Bettkante und bin raus.

Ja, das ist fies und das Gegenteil von einer vernünftigen Strategie. Aber in diesem Fall ist es wieder mal Notwehr. Und jetzt brauche ich ein gutes Versteck. Also schnell mit dem Teufelsding ins Regal hinter die Bücher. Da, wo die Hs stehen: H wie Hardy, Hölderlin und Hesse. Und H wie Handy.

Jetzt mal mit Abstand: Was brauchen Kindergehirne, um gut zu lernen – und was verändert sich in der Pubertät?

Am Anfang, wenn ein Baby auf die Welt kommt, wird er quasi gratis mitgeliefert: der Wissensdurst. Der eingebaute Lernmotor. Da ist diese Neu-Gier auf alles, ja: Babys sind gierig auf Neues. Und das heißt nichts anderes als: Sie wollen lernen.

Und tatsächlich – wer ein Baby im ersten Jahr beobachtet, kann diese Lernbegeisterung nicht übersehen: Erst geht es nur darum, den Blick zu halten und den Kopf, mit Mama, Papa, Oma zu flirten, ihnen ein schiefes Lächeln zu schenken, wenn sie über dem Bettchen Faxen machen. Oder mit den Fingern nach dem Kuscheltier zu greifen, erst ungeschickt, dann immer gezielter. Etwas später fängt das Kind an, sich zu drehen. Mensch, das konnte es doch gestern noch nicht! Dann kommen das Krabbeln, das Hochziehen, das Stehen und Gehen, die ersten Worte. Das Baby kann nicht anders, als zu lernen. Es ist wild auf seine noch kleine Welt. Und es übt mit unermüdlicher Geduld, immer wieder aufzustehen, auch, wenn es schon 50 Mal auf den Windelpo gefallen ist.

Irgendwann klappt es. Das Baby ist stolz. In seinem Gehirn wird das körpereigene Belohnungssystem aktiviert. Jede Menge Dopamin flutet den Organismus. Denn während das Baby jeden Tag etwas Neues lernt, seine Beine und Hände immer besser unter Kontrolle bekommt, ist auch in seinem Kopf der Teufel los: Die neuen Bewegungsabläufe und Lernschritte in den ersten Jahren führen dazu, dass im Gehirn ein riesiges Vernetzungsprojekt abläuft.

Neurobiologen können dieses Vernetzungswunder heute dank moderner Bildgebungsverfahren gut sichtbar machen. So wissen sie, dass ein Neugeborenes etwa 200 Milliarden Gehirnzellen hat – aber kaum Verknüpfungen. Bei einem Zweijährigen hingegen existiert dann schon ein komplexes Netz aus Nervenpfaden.

Dabei vollzieht sich der Prozess des frühkindlichen Lernens natürlich nicht im luftleeren Raum. Sondern wird auch von den Menschen beeinflusst, mit denen das Baby lebt und die ihm wichtig sind. *Das kindliche Gehirn entwickelt sich größtenteils nach der Geburt und kann deshalb sowohl durch positive als auch durch negative Eltern-Kind-Beziehungen geformt werden,* schreibt die britische Universitätsdozentin und Psychotherapeutin Margot Sunderland in ihrem Buch *Die neue Elternschule.*[35]

Und auch der bekannte Hirnforscher Gerald Hüther betont den Beziehungsaspekt für die Hirnentwicklung und beim Lernen: *Jedes Kind braucht ein möglichst breites Spektrum unterschiedlichster Herausforderungen, um die in seinem Gehirn angelegten Verschaltungen auszubauen, weiterzuentwickeln und zu festigen, und jedes Kind braucht das Gefühl von Sicherheit und Geborgenheit, um neue Situationen und Erlebnisse nicht als Bedrohung, sondern als Herausforderung bewerten zu können. Beides gibt es nur in der intensiven Beziehung zu anderen Menschen (...).*[36]

Anders ausgedrückt: Eine sichere emotionale Basis ist im Babyalter für den Lernerfolg gesunder Kinder viel wichtiger als irgendwelche Frühförderprogramme. Kinder, denen am Anfang ihres Lebens bei großen Gefühlen wie Wut oder Schmerz beigestanden wird, die ermutigt werden und gedrückt, lernen besser und bilden Hirnstrukturen aus, die ihnen helfen, ihre Emotionen selbst zu regulieren und sich in der Welt zurechtzufinden. Kinder, die keine sichere Bindung haben, denen eine verlässliche Beziehungsperson fehlt und Trost, haben hingegen oft überaktive Stressreaktionssysteme, die freies Lernen eher behindern. Vor allem in den ersten Jahren.

Und dann kommt die Schule.

Fast alle Kinder im letzten Kindergartenjahr freuen sich auf die Schule. Sie sortieren ihre Stifte ins Federmäppchen und wollen endlich groß sein. Wollen mehr lernen: schreiben, lesen, rechnen. Doch schon wenige Jahre später ist von der Begeisterung oft nicht mehr viel übrig.

»Macht dir das Lernen für die Schule Spaß?«, wurden 860 Sechs- bis 13-Jährige in einer Studie gefragt, die der Lernsoftwareanbieter Scoyo gemeinsam mit dem Kindermagazin der *ZEIT »Leo«* anstieß. Ergebnis: Bei den Sechsjährigen sagten fast 53 Prozent: »Ja, immer«, fast 8 Prozent: »Eher selten«, und kein Kind: »Nein«. Bei den 13-Jährigen sagten 6 Prozent: »Ja, immer«, 27 Prozent: »Eher selten«, und 8 Prozent: »Nein«.[37] Die Umfrage ist zwar schon fünf Jahre alt – aber heute würde das Ergebnis sicher nicht besser ausfallen.

Warum ist das so? Vielleicht, weil Schule so, wie wir sie vorfinden, es eben oft nicht schafft, Kinder emotional zu berühren. Vor allem jenseits der ersten Klassen. Denn während sich viele ABC-Schützen noch für ihre Klassenlehrerin oder den Klassenlehrer anstrengen, fällt dieser Beziehungsaspekt in den weiterführenden Schulen nahezu weg: Jetzt gibt es Fachlehrer, die nur wenige Stunden pro Woche unterrichten, die häufig wechseln, zu denen die Kinder selten eine engere Beziehung aufbauen.

Dazu kommt: Das Lernen wird zunehmend bewertet. Jetzt schaut die Schule vor allem auf die Fehler – und nicht auf das, was das Kind alles richtig macht. Sie belohnt und bestraft von außen – mit Noten. Sind die Noten oft schlecht, zerstört das die ursprüngliche Freude am Lernen, die intrinsische Motivation, die Neugier, die kleine Kinder noch antreibt, wenn sie

Neues probieren und Fehler machen dürfen: 50 Mal aufstehen, 50 Mal hinfallen. Und wenn es beim 51. Mal klappt mit dem Laufen, sind immer noch alle begeistert.

In der Schule ist 50 Mal hinfallen schwierig. Stattdessen sind da Erfolgsdruck und Angst. Wird die Angst zu groß, führt das auf neurobiologischer Ebene dazu, dass das Gehirn eher auf Sparflamme arbeitet. Es greift auf bewährte Denk- und Handlungsmuster zurück, statt neue, hoch vernetzte Pfade zwischen möglichst vielen Nervenzellen auszubilden. Im Extremfall, bei Panik, kann das Gehirn gar nicht mehr denken. Blackout. Dann geht nur noch: Flüchten oder Standhalten – und im Zweifelsfall ein leeres Blatt abgeben. Spätestens jetzt ist Lernen mit einem negativen Gefühl verbunden. Dieses Gefühl kann sich hartnäckig halten, auch wenn es in der nächsten Schulstunde um ganz neue Inhalte geht, die vielleicht sogar spannend wären.

Und nicht zuletzt zwingt Schule Kinder auch zum passiven Reproduzieren und Auswendiglernen und lässt sie – je nach Schulkonzept – nur bedingt mitentscheiden bei der Frage, was ihnen beim Lernen wichtig ist und wie sie sich den neuen Stoff aneignen wollen. Denn der Schulstoff folgt einem Lehrplan. Und der wird von außen festgelegt.

Schülergehirne sind keine Fässer, die man mit Wissen füllen kann. Schüler nützen ihr Gehirn ständig, um zu lernen. Allerdings lernen sie nicht unbedingt das, was Eltern, Lehrer und Schulbehörden für wichtig halten, schreibt Gerald Hüther[38] und betont, Lernen sei ein aktiver Prozess und geschehe nur dann, wenn Schüler den Erwerb dieser Kenntnisse für sich und ihre eigene Lebensgestaltung als bedeutsam erachteten. *Bedeutsam ist für Schüler das, was unter die Haut geht,* meint Hüther und erklärt »unter die Haut gehen« mit: *Aktivierung der bewussten Wahrnehmung, Fokussierung der Aufmerksamkeit und Aktivierung der emotionalen Zentren in den tieferen Bereichen des Gehirns.*[39]

Und tatsächlich: Wer einmal beobachtet hat, mit welcher Hingabe Zwölfjährige die Funktionen ihres Smartphones checken oder wie sie sich für die Schulband reinhängen, der weiß, dass Kinder auch jenseits des Kindergartens sehr gerne lernen.

»Es gibt neurobiologisch gesehen keinerlei Hinweise dafür, dass die Lernfähigkeit und die Motivation zu lernen im Laufe der Adoleszenz weniger werden«, sagt auch die Professorin Kerstin Konrad, Neuropsychologin an der Uniklinik Aachen, im Gespräch mit mir. »Im Gegenteil: Gerade im Jugend- und jungen Erwachsenenalter ist die Lust auf Neues groß. Wenn diese Neugier sich nicht entfalten kann, hat das keine neurobiologischen Gründe, sondern dann stimmt eher irgendetwas mit den Rahmenbedingungen nicht.«

Denn: Um sich gut zu entwickeln und stabil zu vernetzen, brauchen junge Gehirne spannende und interessante Probleme, die sie fesseln und die sie lösen wollen. Und das ist auch eine Frage der Lernumgebung und der Lernstrategie.

Günstig für Schüler seien Anforderungen, die sie noch nicht auf Anhieb bewältigen könnten, für deren Lösung sie aber bereits Vorwissen hätten, das durch Übungs- und Gesprächsangebote gezielt aktiviert würde, schreibt Elsbeth Stern, Professorin für Lehr- und Lernforschung an der Eidgenössischen Technischen Hochschule Zürich. Günstig seien auch Lehrer, die Irrtümer und Fehler vonseiten der Schüler zuließen und sie konstruktiv nutzten.[40]

Schüler brauchen also nicht nur Pädagogen, die den Stoff beherrschen und vermitteln, sondern die ihren Schülern auch zeigen, wie man neue Inhalte mit bereits bekannten Erfahrungen verknüpft und sich so häppchenweise vorarbeitet. Wie man Wissen strukturiert – um es sich besser merken und abrufen zu können, wenn es drauf ankommt. Wie man die leblos im Buch aufgereihten Englischvokabeln in den Griff bekommt – und mit möglichst wenig Aufwand in den Kopf.

All das geschieht in der Schule häufig nicht. Und so erweist sie sich nicht unbedingt als idealer Ort, wenn es darum geht, die Lernlust von Kindern zu erhalten oder gar zu fördern.

Besonders kritisch wird es dann in der Pubertät.

In dieser Zeit wird das Gehirn bekanntlich umgebaut. Die neuronalen Netzwerke werden auf Effizienz geprüft, wenig genutzte Verschaltungen gekappt, die anderen robuster und schneller in der Informationsverarbeitung gemacht: Während es in der frühen Kindheit beim Aufbau von Verschaltungen im Gehirn um Quantität ging, geht es jetzt um Qualität, um eine effizientere und individuell angepasste Hirnstruktur und -funktion.

Allerdings finden die Umbauarbeiten nicht in allen Gehirnteilen gleichzeitig statt: »Die tieferen emotionalen Zentren, also zum Beispiel der Mandelkern und das Belohnungssystem mit seinem Glücksbotenstoff Dopamin feuern wie verrückt und reifen früher als die Großhirnareale, die die Emotionen und Impulse auf der Vernunftebene kontrollieren«, erklärt mir Kerstin Konrad.

Die Folge dieses Ungleichgewichts sind riskantes, aber auch experimentierfreudiges Verhalten (zum Beispiel im Straßenverkehr oder im Umgang mit Drogen) und schwer beherrschbare Stimmungsschwankungen vor allem in stressigen Konfliktsituationen. Es gibt überschwängliche Glücksgefühle auf der einen Seite, aber auch träge Null-Bock-Phasen.

Und wer als Mutter oder Vater schon mal versucht hat, einen Null-Bock-Teenager zum Mathelernen zu motivieren, weiß, wie schwer das ist. »Tatsächlich«, so Kerstin Konrad, »verändern sich die Belohnungshierarchien in der Pubertät: In dieser Zeit lassen sich Jugendliche viel besser von anderen Jugendlichen motivieren und beeindrucken. Peergroups sind in der Jugend wichtiger als die Erwachsenen, von denen man sich lieber abgrenzt. Und auch Anerkennung wirkt besser, wenn sie von Gleichaltrigen kommt.«

Nun unterrichten in den achten und neunten Klassen aber meistens keine Peergroups – sondern erwachsene Lehrer. Und nur wer Glück hat, trifft dabei auf ein pädagogisches Naturtalent, das den Dreißigjährigen Krieg oder den französischen Subjonctif so spannend rüberbringen kann, dass es im Teenie-Gehirn die eine oder andere motivierende Dopaminausschüttung gibt und damit das Signal: »Oh, bitte mehr davon!«

So kommt es, dass die meisten Kinder in der Mittelstufe mit den Noten absacken.

Interessant dabei: Pubertierende Mädchen nehmen schlechte Bewertungen anders wahr als pubertierende Jungs. »Mädchen beziehen das eher auf sich. Sie sagen zum Beispiel: ›Ich kann eben kein Mathe, ich bin einfach zu dumm.‹ Jungs schieben ihr schlechtes Abschneiden eher auf äußere Faktoren: den Lehrer, doofe Prüfungsfragen«, sagt Kerstin Konrad.

Warum Mädchen und Frauen einen ausgeprägteren Hang zur Selbstabwertung und später auch ein höheres Risiko für Depressionen haben, wird in der Forschung kontrovers diskutiert. Möglicherweise spielen da kulturelle Prägungen oder gesellschaftliche Zuschreibungen eine Rolle, vielleicht aber auch der Umbau im pubertären Gehirn: »Wir wissen, dass sich unter dem Einfluss der Geschlechtshormone der Mandelkern im emotionalen Zentrum des Gehirns bei Jungen und Mädchen auf unterschiedliche Weise verändert. Das Testosteron der Jungs macht den Mandelkern größer, bläht ihn regelrecht auf. Bei Mädchen hingegen wird durch das Östrogen vor allem das Stresssystem sensibilisiert«, sagt Kerstin Konrad, »das alles kann durchaus auch Einfluss auf die Selbstwahrnehmung und den Umgang mit Niederlagen haben.«

Und wann kommen die Kinder zur Vernunft? Wann wissen sie, dass sie die ganze Lernerei nicht eigentlich für die Lehrer oder die Eltern machen – sondern vor allem für sich selbst? Wann ist das Gehirn fertig mit den Umbauarbeiten und genauso erwachsen, wie die Kinder längst aussehen?

»Auf jeden Fall noch nicht mit der Volljährigkeit«, erklärt Kerstin Konrad. »Die Tatsache, dass unsere Kinder heute körperlich immer früher in die Pubertät kommen, bedeutet nicht, dass auch ihr Gehirn schneller reift. Wirklich abgeschlossen ist diese Reifung erst zwischen Anfang und Mitte 20.«

Angesichts dieser Erkenntnis, kann man es nur gut finden, wenn immer mehr Bundesländer zum neunstufigen Gymnasium zurückkehren. Oder wenn – wie kürzlich diskutiert – tatsächlich ein verpflichtender (sozialer) Dienst für alle Schulabgänger eingeführt werden würde. So bliebe den Kindern nämlich ein Jahr länger, um herauszufinden, wo sie hinwollen und was ihnen wirklich wichtig ist. Und das käme vor allem auch den Mittel- und Realschülern zugute, die beim Schulabschluss ja besonders jung sind.

Die Wende (Mittelstufenjahre)

Das Jahr, in dem vieles anders wurde

Wenige Monate bevor Ida in die sechste Klasse kam und Greta in die neunte, zog ich zu Hause aus – und ans andere Ende der Republik. Ich mietete ein WG-Zimmer in Hamburg. Da wohne ich bis heute jeden Monat zehn Tage lang.

Wie das passieren konnte? Nein, mein Mann und ich hatten uns nicht getrennt. Bei allen pädagogischen Meinungsverschiedenheiten: So viel Macht hatte die Schule nun doch nicht, dass sie uns ernsthaft entzweite.

Der Grund für meinen Auszug war ein anderer: Ich arbeitete bis 2014 angestellt als Journalistin in einer Münchner Redaktion. Die Redaktion hatte mir in all den Jahren, als die Kinder klein waren, gute Familienarbeitszeiten gegeben. Ich konnte phasenweise zu Hause arbeiten. Das half enorm dabei, Kinder und Job unter einen Hut zu bekommen, in einer Zeit, als das noch weniger selbstverständlich war als heute. Ich mochte die Redaktion.

2013 dann knallte es: Ohne größere Vorwarnungen hieß es plötzlich, der Verlag löse den gesamten Münchner Standort auf. Die Redaktion ziehe in wenigen Monaten um – nach Hamburg. Und wir, die Mitarbeiter, konnten natürlich gerne mitkommen … Ich war damals schon weit in meinen Vierzigern, die Printbranche schwächelte. Die meisten meiner schreibenden Kollegen arbeiteten frei zu lausigen Honoraren. Meine Chancen standen also schlecht, in München einen festen Job in meinem gelernten Beruf zu finden.

Vielleicht musste ich also beruflich noch mal auf die Reset-Taste drücken und mich umorientieren. Doch in welche Richtung? Was konnte ich gut, außer schreiben? Wo kannte ich mich aus? Was interessierte mich?

Meine erste Idee ging so: Wie wäre es, wenn ich aus meiner wechselvollen Karriere als Personal-Trainerin für schulische Belange Kapital schlüge und jetzt was ganz Neues anfinge? Ich könnte doch mein Wissen als Hilfslehrerin über Lehrpläne, Lernstrategien und Lehrerpsychologie zu einer Geschäftsidee machen, ein Nachhilfeinstitut gründen – und so andere Eltern von der Mühe des Übens entlasten. Bei fremden Kindern würde mir das Helfen und Mitlernen sicher viel leichter fallen als bei meinen eigenen. Und der Nachhilfemarkt boomte.

Eltern, so las ich, geben dafür im Jahr 879 Millionen Euro aus und investieren pro Monat durchschnittlich 87 Euro in »außerunterrichtliche Fördermaßnahmen« für ihre Kinder.[41] Eine riesige Zahl, die nicht nur nach einem lukrativen Geschäft klang, sondern auch so, als gäbe es noch sehr viele andere Eltern, die angesichts des Schuldrucks genauso in Panik gerieten wie ich. Ganz offensichtlich hatte sich in unserem Land tatsächlich eine Art Parallelbeschulung entwickelt für alle, die es sich leisten konnten.

Morgens Schule, nachmittags Nachhilfe

Jeder siebte Schüler im Alter von 6 bis 16 Jahren nimmt einer Bertelsmann-Studie zufolge außerschulische Lernangebote in Anspruch – privat finanziert oder kostenfrei.

Das betrifft etwa jeden 20. Grundschüler und jeden 5. Gymnasiasten – und insgesamt etwa 1,2 Millionen Schüler. Fast jeder Dritte davon nimmt nicht deshalb Nachhilfe, weil er den Stoff alleine nicht bewältigen kann, sondern weil er bereits gute Leistungen weiter verbessern und so seine Chancen auf einen Studien - bzw. Ausbildungsplatz verbessern will.

Hauptnachhilfefach ist Mathe, gefolgt von Fremdsprachen und Deutsch.

Schüler aus Familien ohne Migrationshintergrund erhalten häufiger Nachhilfe (14 Prozent) als Schüler mit ausländischen Wurzeln (11 Prozent).[42]

Auf der anderen Seite: Wollte ich da wirklich mitmischen und an den Symptomen rumdoktern? Sollte ich nicht vielleicht da ansetzen, wo die Probleme entstehen: in der Schule selbst?

Ich könnte - so meine nächste Idee - doch eigentlich auch gleich Lehrerin werden: als Quereinsteigerin. Immerhin hatte ich die Klassen eins bis fünf in meinem Leben schon dreimal gemacht und außerdem einige Semester Gymnasiallehramt studiert, bevor ich mich für den Journalismus entschieden hatte. Und gerade hatte doch auch in der Zeitung gestanden, wie viele Lehrer fehlten und dass Quereinsteiger willkommen seien.

Ich rief also im Kultusministerium an. Aber die fanden, meine Idee sei eine Schnapsidee:

»Was, wo haben Sie studiert?«, fragte die Dame am anderen Ende der Leitung. »In Göttingen? In den Achtzigern? Ach so, nee, das ist zu lange her. Und das ist ja auch in einem anderen Bundesland ...«
(Wahrscheinlich dachte sie: Göttingen, das ist doch irgendwo im Norden, nee, da haben die ja Spar-Abitur. Und Spar-Uni.)
Sie sagte: »Nein, da können Sie nichts anrechnen lassen. Da müssen Sie noch mal von vorn studieren.«

»Waas, alle Semester!?«
»Ja!«
»Ich werde nächstes Jahr fünfzig.«
»Tut mir leid!«

Meine dritte Idee ging so: Vielleicht sollten wir alle nach Hamburg gehen. Da ist ja angeblich die Schule leichter.

»Super Plan«, sagte Ida. »Nicht gut«, sagte der Mann, »so einen Job und so einen Arbeitsvertrag, wie ich ihn jetzt habe, bekomme ich nie wieder. Außerdem werden meine Eltern auch nicht jünger, und ich möchte in ihrer Nähe bleiben. Und ohnehin will ich nicht nach Hamburg. In Hamburg ist das Wetter schlecht, und der HSV verliert immer.« Greta war auch nicht begeistert. Wegen der Freunde und überhaupt. Also stand es zwei zu zwei.

Kurz darauf bot mir meine damalige Chefin dann einen Kompromiss an: »Du bist jeden Monat zehn Arbeitstage in Hamburg. Und den Rest machst du von München aus im Homeoffice. Wie wäre das?«

Ich dachte nach. Zehn Tage Hamburg hieß für meine Kinder: zehn Tage ohne Mama. Zehn Tage ohne Hilfslehrerin. Ohne Zahlenstrahlerklärerin. Hausaufgabenantreiberin. Esseneinkaufsbeauftragte, Sachensuchmaschine. Zehn Tage nur mit Papa.

»Wir schaffen das«, sagten die drei.

Und so sagte ich: »Ja!«

Heute weiß ich, dass ich »Ja« sagte, weil ich meinen Job behalten und gerne weiter als Journalistin arbeiten wollte. Ich sagte aber auch »Ja«, weil ich bei Greta als Nachhilfelehrerin allmählich an meine intellektuellen Grenzen stieß. Ich verstand nicht mehr so richtig, was das große Kind da in IT eigentlich machte. Und das mit der Vektorrechnung konnte ich auch nicht mehr so einfach aus dem Ärmel schütteln. Plötzlich sah ich meine große Chance, mit Anstand aus meinem Hilfslehrerjob auszusteigen – wenigstens mit einem Bein. Und dafür meine feste Stelle als Journalistin zu erhalten. Jawohl, das war ein Argument, das Gewicht hatte: Damit hatte ich vor mir selbst und vor anderen einen nachvollziehbaren Grund, mal Abstand zu kriegen. Von schweren Schritten auf der Treppe. Und vom Schulkummer.

Wie das Russische Reich zerfiel und ich nicht dabei war

Kurz nach meinem Umzug in den Norden wurde Greta in ihrer Schule ein großes Referat angekündigt. Es trug den Titel: Die Neuordnung Osteuropas nach 1918/1919. Und es gehörte zur traditionellen Projektpräsentation, die viele der hiesigen Realschulen in der Neunten auf dem Lehrplan stehen haben. Sie umfasste ein 45-minütiges Gruppenreferat – mit PowerPoint-Präsentation und Plakat – sowie eine 20-seitige schriftliche Ausarbeitung mit Auswertung von Sekundärliteratur und Handout. Das Ganze sollte in Deutsch wie eine Schulaufgabe zählen und in Geschichte und IT wie eine Stegreifaufgabe.

Schon Wochen und Monate vor Beginn dieses Projekts waren alle aufgeregt. Denn keiner wusste so genau: Wie macht man so ein Referat mit 20 Seiten? Wie arbeitet man mit Sekundärliteratur? Wie macht man eine gute Präsentation? Die Schule bot zwar Hilfestellung an, aber selbst Eltern, die sonst nie den Personal Trainer gaben, war klar: Bei so einem großen Projekt müssen wir jetzt auch mit ran. Ohne uns geht das nicht. Schließlich sind Referate *die* Paradedisziplin für engagierte Hilfslehrer. Fast alle Eltern helfen. Und es soll sogar welche geben, die schreiben später an der Uni noch bei den Seminararbeiten mit.

Ja, natürlich ist das pädagogisch falsch. Es ist auch das Gegenteil von Chancengleichheit für die Kinder. Und ein weiteres schönes Beispiel dafür, warum Schulerfolg vom Elternhaus abhängt: Wer zu Hause Eltern hat, die einen ordentlichen Computer haben, einen Farbdrucker, Kenntnisse im Erstellen und Strukturieren von Präsentationen und vor allem Zeit, sich damit zu befassen, ist klar im Vorteil. Wer das nicht hat – Pech gehabt!

Denn auch wenn die meisten Lehrer es nicht laut sagen würden: Viele scheinen schlicht davon auszugehen, dass zu Hause jemand ist, der sich schon um die Referat-Genese kümmern wird. Oder wie sonst kann man es interpretieren, wenn schon Drittklässler aufgefordert werden, ein kleines Referat zum Killerwal zu machen: »Wir sollen ein paar Infos aus dem Netz holen, Mama. Aber ich darf ja gar nicht alleine an den Computer. Kannst du mit mir mal in das Erwachseneninternet gehen und gucken, wie der Killerwal seine Babys kriegt? Und dann sollen wir ein paar Fotos ausdrucken. Und Mama, wie macht man dann dazu fünf Minuten Referat?«

»Man überlegt sich, was wichtig ist. Und macht dazu Stichworte auf ein Blatt. Oder noch besser auf Karteikarten. Und dann erzählt man das vor den anderen.«

»Aber die Lehrerin hat gesagt, wir sollen dazu ein Plakat machen.«

In der Sechsten kommt dann das Englischreferat über ein Thema der Wahl.

»Mama, ich nehm James Bond«, sagt das Kind. »Ich mag den Daniel Craig. He's a very good-looking guy.«

»Also gut«, sagt die mütterliche Hilfslehrkraft, »dann recherchier mal. Und dann machen wir ein rehearsal.«

»Re... was? Aber Mama, was kann ich denn noch schreiben außer das mit dem good-looking«, fragt das Kind, und schon fängt die mütterliche Hilfskraft an zu googeln: Aston-Martin, Ursula Andress, Sean Connery, Skyfall, Casino Royale.

Jetzt also die Neuordnung Osteuropas nach 1918/19 auf 20 Seiten. Und ich war nicht da.

Greta heulte wegen des Themas, das sie bescheuert fand. Sie arbeitete in einer Gruppe mit zwei anderen Mädchen zusammen und hatte als Unterthema den »Zerfall des Russischen Reichs« zugeteilt bekommen – was es aber nicht besser machte.

Denn sie hatte keine Ahnung von der Oktoberrevolution, und auch die Rote Armee gehörte nicht unbedingt zu den Top-Themen ihres Teenagerlebens. Für mich war gerade das Thema mal wieder ein Anlass, darüber nachzudenken, was und wie meine Kinder eigentlich so in der Schule lernten.

Oft war schlichtweg das gefordert, was man allgemein als Bulimie-Lernen bezeichnet: reinstopfen, ausspucken, vergessen ... Gerade in Bayern ist Pauken und Auswendiglernen immer noch sehr beliebt. Ich habe im Prinzip nichts gegen Auswendiglernen. Es ist schließlich nicht schlecht, wenn man bei der Konfirmation der eigenen Kinder das Glaubensbekenntnis aufsagen kann, ohne ins Buch zu schielen. Oder wenn man imstande ist, die ersten Verse von Goethes *Der Fischer* zu rezitieren. Oder das große Einmaleins im Kopf hat. Mich hat gerade Letzteres im Restaurant und an der Supermarktkasse mehr als einmal davor bewahrt, zu hohe Rechnungen zu bezahlen.

Neurobiologisch gesehen ist das sture und emotionslose Auswendiglernen aber nur begrenzt von Erfolg gekrönt, weil man ein Gehirn eben nicht wie einen Muskel trainieren kann. Und weil Emotionen und Bedeutsamkeit eine wichtige Rolle spielen bei der Frage, was im Gehirn verankert wird.

Abgesehen davon gibt es heute das Internet. Und mit manchen Sachen muss man sich im Zeitalter von Google nun wirklich nicht den Kopf verstopfen.

Trotzdem: Wie oft haben meine Kinder abends um neun irgendwelche Merksätze von irgendwelchen schlecht kopierten

Arbeitsblättern auswendig gelernt, ohne zu wissen, wozu das gut sein sollte. Morgens um zehn haben sie die Merksätze dann ausgespuckt, haben irgendeine Note gekriegt – und um 10 Uhr 15 war das ganze Wissen irgendwo im Schulhausnirwana verpufft.

Neulich unterhielt ich mich darüber mit Isabell Welpe, einer Bekannten, die Betriebswirtschaftsprofessorin an der Technischen Uni München ist und dort im Bereich Strategie und Organisation forscht und lehrt. Sie sagte, sie verstehe überhaupt nicht, dass sich die Schule so wenig verändere, obwohl sie doch die nächste Generation auf die Zukunft vorbereiten solle: »Die Welt um uns dreht sich immer schneller, wir brauchen Individualisten und Querdenker mit Kommunikationstalent, kreativen Ideen und digitalem Know-how, um die Probleme zu lösen, die auf uns zukommen. Und die bayerische Schule ist immer noch eine Paukschule wie im letzten Jahrhundert – das passt doch überhaupt nicht zusammen.«

Nein, das passt nicht zusammen, aber wir konnten nicht warten, bis sich das Schulsystem von einem Tag auf den anderen veränderte. Das Russische Reich und sein Zerfall mussten jetzt aufs Papier. Und ich fragte mich: Wer kommt eigentlich auf so ein Thema für Neuntklässler? Warum machen die nicht was zur Plastikvermeidung, zur Fast-Fashion-Industrie oder meinetwegen auch zum Zweiten Weltkrieg? Dann könnte Greta noch Oma und Opa als Zeitzeugen befragen und hätte einen viel direkteren und emotionaleren Zugang.

Die Schule sagte: »Der Erste Weltkrieg ist genau vor 100 Jahren ausgebrochen. Das ist ein historisches Datum. Deshalb machen wir das. Außerdem muss man sich auch später im Leben Dinge erarbeiten, auf die man keine Lust hat.«

Also gut, ich gab zu, das war ein Argument. Dann musste das Kind da jetzt wohl durch. Und immerhin war ein Referat für die Aneignung von Informationen schon mal besser geeignet als Auswendiglernen oder passiver Frontalunterricht.

Greta schimpfte noch ein bisschen. Dann ging sie in die Stadtbücherei und holte Bücher. Versuchte Sekundärliteratur zu verstehen und Übersetzungen von Quellen. Fragte Google, Wikipedia und die üblichen Verdächtigen im Netz. Und wurschtelte sich durch die verschiedenen Frontverläufe und Abspaltungsbestrebungen der osteuropäischen Länder zwischen 1914 und 1918, während ich in meiner Hamburger Redaktion Texte aus dem 21. Jahrhundert bearbeitete.

Am Abend saß das Kind in München mit dem historisch interessierten Vater auf dem Sofa und redete über Lenin, den Zar und die Unabhängigkeit Weißrusslands. Am Ende hatte es den Blocksatz vergessen, die Sekundärliteratur nicht ganz richtig zitiert und wusste in der Ausfragestunde nicht genau, was Kapitalismus ist. Das gab ein paar Punkte Abzug bei Pflicht und Kür. Ich gab ihr eine Eins mit Sternchen für selbstständiges Arbeiten. Und mir ebenfalls: fürs Raushalten.

Nachtrag:
Drei Jahre später, als für Ida ebenfalls die Projektpräsentation anstand, hatte die Schule übrigens die Bedingungen geändert. Die lange schriftliche Hausarbeit entfiel, und es wurde nun vor allem die Umsetzung in PowerPoint-Charts und die mündliche Präsentation bewertet. Ich habe die Schulleitung nie gefragt, warum das geändert wurde. Aber es sollte mich nicht wundern, wenn auch die Schule bemerkt hatte, dass sie mit der schriftlichen Arbeit, die sie da jedes Jahr benotete, zu einem großen Teil auch die Hilfslehrer bewertete.

Von Fernbeziehungen und Lernbeziehungen

Tatsächlich war es für Greta ein heilsamer Einschnitt, dass ich als Nachhilfelehrerin nun nicht mehr selbstverständlich zur Verfügung stand. Ich war einfach nicht da – und weil sich ihr Vater mit den Fragen, die sie in Mathe, Englisch und Französisch hatte, oft auch nicht auskannte, musste sie selbst schauen, wo sie die Antworten herbekam – und wie sie sich den Lernstoff aneignete.

Vor allem am Anfang war das für sie nicht einfach. Aber sie hatte den Ehrgeiz, es zu versuchen. »Wenn es gar nicht geht«, hatten wir gesagt, »dann organisierst du dir eine Nachhilfe. Aber jetzt schau erst mal.«

Greta schaute erst mal. Sie war 15. In der Pubertät. Sie ging aus. Sie ging feiern. Sie wurde schlechter. Dann noch schlechter. Dann wieder besser. Und dann, in der zehnten Klasse, als sie auf die Mittlere Reife zusteuerte, hatte sie den Dreh raus.

Sie hatte begriffen, wie man lernte. Wie man das Wichtige vom Unwichtigen unterschied. Wir man mit Stichwortzetteln und Exzerpten dafür sorgte, dass sich das einprägte, was man am nächsten Tag brauchte. Und wie man sich in der Prüfung die Zeit gut einteilte. Sie machte das, was die Schule von ihr wollte. Und wurde mit guten Noten belohnt. Sicher kann man sich darüber streiten, ob das nun wirklich ein Bildungserfolg ist oder eher eine erfolgreiche Anpassungsleistung von zweifelhaftem Wert – vor allem, wenn man an die Herausforderungen der Zukunft denkt, von der auch meine Bekannte Isabell Welpe sprach.

Ich war trotzdem stolz auf mein Kind. Denn sie hatte es allein hinbekommen. Und ich sagte ihr das auch.

Bei Ida war das anders.

Zwar hörte ich in den Hamburger Wochen nicht mehr ihre schweren Schritte auf der Treppe. Aber die aufgebrachten und orthografisch abenteuerlichen Handynachrichten meiner Zweitgeborenen kamen auch im Norden an und entfalteten ihre Wirkung, wenn ihre Lernanstrengungen mal wieder nicht geholfen hatten.

Manchmal kriegte ich deswegen in der Redaktion Wutanfälle, weil ich mich so hilflos fühlte, wenn sie mal wieder trotz ihrer Beteuerungen, sie habe tagelang geübt, und trotz diverser Nachhilfestunden eine Fünf in einem wichtigen Fach geschrieben hatte. Ich war auch wütend auf die Schule, weil sie immer nur eine bestimmte Art von Fähigkeit abprüfte und andere Talente außen vor ließ, die unser Kind durchaus hatte: Kreativität, Schlagfertigkeit, Kommunikationstalent, einen ausgeprägten Gerechtigkeitssinn, Einfühlungsvermögen, Verantwortungsbewusstsein.

Und in meiner undifferenzierten Wut war ich froh, dass mein Kind 800 Kilometer weit weg war und ich nicht schnell einen doofen Satz raushauen konnte, einen von der Sorte, bei der man weiß, dass man sie nicht sagen soll, weil man sie hinterher bereut.

Stattdessen flüchtete ich mit dem Telefon auf den Verlagshaus-Balkon vor meinem Büro. Und rief erst an, wenn ich mich beruhigt hatte. So blieben die schlimmen Sätze vorerst da, wo sie bleiben sollten: in meinem Kopf.

Schlimme Sätze für die NoNo-Liste

»Du bist einfach ein hoffnungsvoller Fall!«
»Keine Ahnung, was aus dir mal werden soll!«
»Wie doof kann man sein!«
»Wenn das so weitergeht, musst du auf die Hauptschule!«
»Du und die Schule, ihr raubt mir echt den letzten Nerv!«

»Mensch, das kapiert doch jeder!«
»Greta konnte das aber schon in der sechsten Klasse!«

Manchmal schickte ich auch bloß ein paar Smileys und schrieb: *Das Schlimmste, was passieren kann, ist, dass du durchfällst. Und das ist auch nicht so schlimm.*

Ich will nicht sitzen bleiben, schrieb mein Kind. *Ich will auch nicht auf die Hauptschule!*

Und während oben auf dem Hamburger Verlagsbalkon der Nordwind in mein Gesicht blies, dachte ich: Haben wir diesen Dialog nicht schon hundertmal geführt? Und ich schickte eine Kurznachricht zurück, in der ich zum Trost Prominente aufzählte, die auch in der Schule durchgefallen waren: *Heiner Lauterbach ist mehrmals sitzen geblieben und wurde trotzdem Chefarzt (jedenfalls bei »Willkommen bei den Hartmanns«), Verona Pooth hat die Schule abgebrochen. Und Thomas Mann war auch ein grottiger Schüler und hat später den Nobelpreis gekriegt ...*

Dann kam eine WhatsApp zurück: *Wer ist noch mal dieser Thomas Mann?,* schrieb das Kind. Und spätestens dann musste ich dringend zurück ins Warme.

An anderen Tagen konnte es passieren, dass sie mir ihre Hausaufgaben oder Prüfungsvorbereitungen zumailte. Sie machte Fotos von irgendwelchen Buchseiten, wollte physikalische Gesetze erklärt kriegen oder chemische Reaktionen, die sie im Unterricht nicht verstanden hatte. Oder sie rief an und fragte: »Mama, sag mal schnell, wie das mit den Adverben und den Adverbialen geht, ich hab das Arbeitsblatt im Hort liegen gelassen.«

»Frag doch Greta!«

»Die ist beim Sport.«

»Und Papa?«

»Meeting.«

»Ich kann jetzt nicht, ich muss arbeiten«, sagte ich. Und dann fing ich doch an zu dozieren. Aus meinem Mund kamen Worte wie: Google, Tutorial, Wortart, Satzglied, Screenshot, später … Beim Dozieren fuchtelte ich wild in der Luft herum, und die Kollegen amüsierten sich und machten mich nach. Nur einmal waren alle beeindruckt. Da erklärte ich meinem Kind in einer Minute die indirekte Proportionalität.

Ich hatte jetzt eine Fernlernbeziehung zu meinem Kind. Oder war es eine Lernfernbeziehung? Ich hatte ja gehofft, die Lernbeziehung würde von der Fernbeziehung profitieren und allmählich auch in weitere Ferne rücken – und immer lockerer werden. Doch, was bei Greta funktionierte, klappte bei Ida nicht.

Vielleicht weil sie jünger war. Vielleicht weil sie irritiert war, dass ich plötzlich wochenweise in Hamburg wohnte und zwischendurch sogar dachte, Mama und Papa würden sich scheiden lassen. Ihretwegen. Weil sie so viele Probleme in der Schule hatte.

Der Mann und ich brauchten einige Abende und gut gewählte Worte, um das aus dem Weg zu räumen: Wir hatten »deep talk«, würde Ida sagen. Gleichzeitig wurde mir immer klarer: Bei dieser Lernbeziehung konnte ich nicht einfach Schluss machen. Die Schule war mir hinterhergereist, und es schien mir, als verdonnerte sie mich noch in 800 Kilometer Entfernung dazu, das zu tun, was sie nicht schaffte: Meiner Tochter den Stoff so zu vermitteln, dass sie ihn weitgehend selbstständig und alleine bewältigen konnte.

Doch obwohl ich mich seit Jahren dagegen wehrte, schien man meine Klagen nicht zu hören. Und ich hatte nicht den Mut, den Konflikt auf dem Rücken meines Kindes auszutragen. Denn wenn ich ihn kündigte, den stillschweigenden Hilfslehrerauftrag, verbaute ich meinem Kind vielleicht die Zukunft.

Als meine Kinder noch in der Grundschule waren, hatte ich oft gedacht: »Na gut, jetzt mach ich eben mit, jetzt hänge ich mich rein – und in ein paar Jahren können sie das dann allein.« Doch Ida war jetzt in der siebten Klasse. Und der Trend, die Themen in der Schule nur anzureißen und dann zu sagen »Guckt euch das zu Hause noch mal genau an und übt ordentlich für die Prüfung«, nahm eher zu.

Doch, natürlich wollte ich meinem Kind was beibringen: Dazu sind Eltern ja schließlich auch da. Aber bitte etwas jenseits der Schule. Etwas, das uns allen Spaß machte, in unserem Tempo – und nicht zu einem bestimmten Zeitpunkt und weil es im Lehrplan stand, den sich Bildungspolitiker ausgedacht hatten.

In meinem mütterlichen Lehrplan stand nämlich was ganz anderes: zusammen im Frühling eine Radtour machen oder auf einen Berg klettern und begeistert rufen: Ach, wie herrlich! Den Kindern erklären, wie die Nähmaschine funktioniert, wie man aus Stoffresten coole Schminktäschchen zaubert und dass es sich lohnt, nicht gleich aufzugeben, wenn der Unterfaden rumzickt. Ihnen zeigen, wie man ein Zelt aufbaut, einen Käsekuchen backt, richtig ausmistet. Wie man ein plattes Fahrrad flickt, die Waschmaschine bedient, den Tisch schön deckt – und im Freibad erst einen Kopfsprung macht und dann eine Bahn Delfin schwimmt. In andere Länder fahren, eine Moschee besuchen, fünf Sätze Portugiesisch lernen, am Strand picknicken ...

Kurz: Ich wollte nicht mit meinen Kindern Mathe machen, ich wollte ihnen Bildung nicht erklären. Ich wollte ihnen vielmehr vorleben, dass es Spaß macht, neue Dinge zu erfahren und zu lernen. Dass eine Ausstellung mit tollen Bildern mich glücklich macht. Und Texteschreiben leidenschaftlich. Dass Museen Orte sind, in denen ich mich beruhige – und gute Bücher wunderbare Lebenshelfer. Und dass ich mich immer dann, wenn ich etwas Schweres geschafft habe, stolz, glücklich und selbstbewusst fühle.

Und ja, nach zehn Jahren als Hilfslehrerin wünschte ich mir endlich einen Ort, an dem nichts an Schule erinnerte.

Schulfreie Zonen

In den Jahren nach dem Übertritt hatte es immer mal wieder Momente gegeben, in denen ich dachte: »Wenn jetzt noch einmal einer das Wort ›Schule‹ sagt, springe ich aus dem Fenster oder fange an zu schreien. Oder ich mache irgendwas anderes voll Bescheuertes.« Habe ich natürlich nicht gemacht. Aber damals, das merkte ich, ging mir doch langsam die Puste aus.

Einmal war ich in dieser Zeit bei meiner Freundin Susanne zum Kaffee eingeladen. Die ist aus der Therapeutenbranche und hatte ein Brett auf ihrem Sideboard stehen mit kleinen Figuren, die ein bisschen so aussahen wie früher die aus der Playmobilkiste meiner Kinder.

»Du hast doch gar keine Kinder«, sagte ich, »was machst du denn damit?«

»Familienbrett«, sagte sie. »Damit kann man kleine Familienaufstellungen machen.«

Ich runzelte die Stirn.

»Los, lass uns mal dein Schulthema stellen und gucken, was passiert!«

In den nächsten Minuten nahm ich die Figuren und schob sie ein bisschen hin und her. Vermutlich war es nicht ganz nach den Regeln der seriösen systemischen Familientherapie, aber wir mussten natürlich auch die Schule aufstellen, und stellvertretend dafür gab mir Susanne eine Praline (wobei ich das für eine völlige Fehlbesetzung hielt, besser wäre ein faules Ei gewesen). Als ich fertig war mit dem Hin- und Herschieben, kam die ganze Malaise zum Vorschein: In der Aufstellung stand die Schule dick und bräsig in der Mitte, und alle Männchen und Frauchen (ich war die Figur mit dem gelben Topfschnitt) glotzten drauf.

»Das ist nicht gut«, sagte Susanne, »da gehört das Thema nicht hin. Stell es mal woanders hin. Hinter dich, in die zweite Reihe ... oder da vorne neben die Kinder.«

Ich gehorchte.

»Und, wie fühlt sich das an?«

»Ungewohnt«, sagte ich. »Wenn die da hinten steht, krieg ich ja gar nicht mit, ob die Praline gerade Present Perfect oder Will-Future in Englisch macht.«

»Sollst du ja auch gar nicht«, sagte Susanne, »ich verordne dir Schulpausen. Ich verordne euch Schulpausen! Ihr müsst auch schöne Sachen zusammen machen, die gar nichts mit Schule zu tun haben. Geht zusammen shoppen. Oder Ski fahren. Redet nicht immer über Schule. Schafft schulfreie Zonen.«

Ich steckte mir die Praline in den Mund und sagte: »Und wir zwei reden jetzt auch nicht mehr über Schule. Hast du noch mehr von diesen Trüffelschweinereien?«

Trotzdem war die Sache natürlich klar: Die Schule nahm bei uns seit Jahren viel zu viel Raum ein. Sogar in den Ferien war sie irgendwie immer da. In der Unter- und Mittelstufe werden am Anfang des Jahres regelmäßig sogenannte Jahrgangsstufentests und VERgleichsArbeiten (VERA) geschrieben. Geprüft und benotet werden Grundlagen in den Hauptfächern. Und meistens fallen diese Tests grottig aus, weil Sachen abgefragt werden, die die Kinder im Unterricht oft nur kurz oder schon vor längerer Zeit behandelt und schon wieder vergessen haben. Deshalb sagen die Lehrer am Ende des Schuljahres auch immer: »Kinder, denkt an den Jahrgangsstufentest«, und sie drücken ihnen Zettel in die Hand mit Links zum Üben. Manchmal schicken sie die Links auch gleich an die Homeschooling-Beauftragten. Und die kriegen die Krise, weil sie wissen, dass sie die Kinder jetzt in den Ferien mit dem Üben nerven müssen. Und keine Lust haben, mit VERA oder ihren anderen lästigen Anverwandten aus dem »Team Lernstandserhebung« am italienischen Urlaubsstrand zu liegen.

Auch beim Essen redeten wir oft über Schule, was natürlich wenig förderlich für den Genuss war: »Wer bis zum Nachtisch irgendwas über Schule sagt, muss einen Euro Strafe zahlen«, sagte ich deshalb manchmal.

»Okay«, sagte der Mann, »fünf Minuten, das schaffen wir.«

Und Greta: »Ich geh heute Abend zu Elsa, die hat Geburtstag. Mama, wie backt man noch mal Käsekuchen amerikanisch, den mit Frischkäse und Zwiebackboden?«

Und ich: »Zeig ich dir, also du kaufst ...«

Und Ida: »Iih, Käsekuchen!«

Und der Mann: »Wieso, schmeckt doch gut!«

Und Ida: »Bestimmt besser als der komische Brei mit Sellerie und Kartoffeln, den wir neulich in Hauswirtschaft ...«

Und Greta und ich im Chor: »Ha! Du hast was über Schule gesagt. Ein Eurooo!«

So war es immer! Wenn wir shoppen gingen, trafen wir bestimmt die Sportlehrerin in der Schlange bei H&M. Die kaufte gerade ein neues Fitness-Outfit und sagte: »Na Greta, erholst du dich von der Schulwoche?«

Und gingen wir im nahen Sudelfeld für ein paar Stunden Ski fahren, trafen wir die Klassenkameradin aus der 9c am Skilift: »Ey Greta, schreiben wir Montag Bio-Ex?«

Irgendwann in der Zeit nach meinem Hamburg-Umzug hatte der Mann dann eine wirklich gute Idee. Die Idee war zwölf Quadratmeter groß, hatte Räder und war im früheren Leben ein

Bauwagen gewesen. Der Mann kaufte das völlig runtergekommene Teil für ein paar Hundert Euro, renovierte es und deponierte es schließlich 100 Kilometer weiter nördlich auf dem Land bei einem Bauern mit Einzelgehöft, von dem er eine Wiese gepachtet hatte.

Unser zum Wochenenddomizil umfunktionierter Bauwagen stand jetzt fast allein auf einem Hügel im Nördlinger Ries, gleich neben einem Haselnussbaum. 300 Meter weiter fing der Wald an, davor verlief ein Teil des Jakobsweges, und drum herum weideten ein paar Esel. Sehr meditativ. Der nächste Laden war fünf Kilometer entfernt. Das Handy hatte nur manchmal Netz.

Kurz: Unser Bauwagen war weit genug weg von jeder Schule. Und auch klein genug, um nicht mit irgendwelchen Lernsachen vollgestopft zu werden.

Wenn wir dort im bayerisch-schwäbischen Hinterland waren, gab es nur grüne Wiesen, Weizenfelder, Sonnenbäder, Spaziergänge. In der Nähe ist auch ein Fluss, der Wörnitz heißt und sehr hübsch durch eine interessante Landschaft mäandert, die einst durch einen Meteoriteneinschlag entstanden ist. Dort machten wir mit den Kindern Paddeltouren und Ida und Greta Arschbombenwettbewerbe. Und manchmal, an milden Frühsommertagen, fühlte ich mich fast so wie damals, als ich nach der Abiprüfung durch die niedersächsischen Felder geradelt und mein Blick durch nichts getrübt worden war.

Meine Freundin Susanne - die aus der Therapeutenbranche -, fand unser Bauwagenprojekt sehr interessant. Psychologisch gesehen, aber auch sonst. »Na«, sagte sie irgendwann, »kommst du mal wieder zum Pralinenessen?«

»Nein«, sagte ich, »keine Pralinen, aber du kommst mit zum Bauwagen. Da braten wir Würstchen auf dem Kugelgrill. Und schauen auf Kornfelder. Bring doch dein Familienbrett mit!«

Und ihr so?

Kindervergleichen ist doof und macht unglücklich: Meistens stimmte das für uns. Jedenfalls am Anfang, in der Grundschule.

Die meisten Eltern, die ich kannte, fanden zwar auch vieles in der Schule suboptimal und kriegten Pickel, vor allem, wenn sie an den Übertritt dachten. Aber letztendlich schickten fast alle ihre Kinder nach der Vierten ins Gymnasium – und die Probleme, die sie hatten, erschienen mir lange nicht so gravierend und so anhaltend wie bei uns. Außer bei Carolin. Die wohnt in Regensburg und hat drei Kinder: Die beiden großen Söhne waren einfach so durch die Schule marschiert bis zum Abitur. Die kleine Tochter, Pia, war nur knapp ein Jahr älter als Greta und hatte vom ersten Schultag an Probleme. Zwischenzeitlich standen alle möglichen Diagnosen im Raum: ADHS, Wahrnehmungsstörung, Dyskalkulie.

Carolin, alleinerziehend, vollzeitnah berufstätig, war oft am Ende ihrer Kraft. Dann rief sie mich an, und ihre Stimme zitterte. Sie habe, sagte sie, Schuldgefühle, weil ihre Kinder ohne Vater aufwüchsen, weil ihr Pia im Baby- und Berufsstress mal vom Wickeltisch gefallen sei – und vielleicht sei da ja was im Kopf zurückgeblieben. Sie habe auch Schuldgefühle, weil sie manchmal rumschreie, und irgendwann sei sogar ein zugeknalltes Fenster zu Bruch gegangen. Da habe sie dann heulend vor Wut die Scherben aufgekehrt und sich furchtbar asozial gefühlt, sagte Carolin. Aber ihr fehlten eben einfach oft die Nerven und die Energie, nach der Arbeit den ganzen Schulstoff durchzupauken und dabei ruhig, entspannt und motivierend zu bleiben.

Ach, ich konnte sie so gut verstehen.

Bei meinen anderen Freunden gab es diese Offenheit so nicht immer. Ich hatte sogar manchmal das Gefühl, dass einige im Stillen dachten: »Die Anke, die sieht das mit der Schule zu eng. Die muss da einfach Druck rausnehmen, die muss lockerer werden und akzeptieren, dass ihre Mädels gerade nicht mehr können ...« Und schon diese Vorstellung machte mich wütend, denn ich wusste genau, keine meiner Freundinnen hätte das für sich einfach so akzeptieren können. Und außerdem war ich überzeugt, dass meine Kinder auch was konnten. Nur vielleicht nicht genau das, was das Schulsystem von ihnen verlangte.

Und weil ich eigentlich auch gar keine Lust hatte, das zwischen uns zum Thema zu machen, hielt ich mich oft ganz bewusst mit meinem Hilfslehrerinnenfrust zurück, obwohl er mir sehr oft unter den Nägeln brannte.

In der Mittelstufe änderte sich das: Da wurde die Schule auch bei vielen meiner Freunde wieder ein Thema. Fast alle Kinder waren in der Pubertät, und vor allem in der achten und neunten Klasse gingen die Noten in den Keller – auch bei den Kindern, die bis dahin gut gewesen und die jahrelang ohne größere Hilfslehrerdienste ausgekommen waren.

Zum Beispiel Johanna

Die Tochter von unseren Bekannten war in der Neunten, als sie beschloss: »Ich geh da nicht mehr hin.« Mit »da«, war das Gymnasium gemeint. »In Deutschland gibt es Schulpflicht«, sagten die Eltern. »Du musst in die Schule, oder willst du, dass hier übermorgen das Jugendamt vor der Tür steht?« »Mir egal«, sagte Johanna. Und ihre Mutter sorgte dafür, dass das Kind erst mal ein Attest bekam. Insgesamt war sie vier Monate krankgeschrieben. Die Diagnose weiß ich nicht. Aber ich vermute: Burn-out. Schulkrise. Vegetative Störungen. Depressive Verstimmung. Irgend so was.

Ich habe mich damals gefragt, wie das möglich ist, dass eine 15-Jährige monatelang nicht in die Schule geht – aber kürzlich habe ich im Radio gehört, dass »Schulabsentismus« (wie das Fernbleiben von der Schule offiziell heißt) durchaus ein verbreitetes Problem ist.

Johannas Eltern sind die unaufgeregtesten Leute, die man sich vorstellen kann, beide eher künstlerisch veranlagt. Sie kennen sich aus mit unkonventionellen Lebensläufen. Und sind die letzten, die Druck machen. Aber die Tatsache, dass ihre Tochter einfach nur zu Hause rumhing und keinen Plan hatte, konnten auch sie schlecht aushalten.

Dann fanden Johannas Eltern einen Platz an der Reformschule. Die war nicht billig, und Johannas Eltern sind nicht reich. Sie mussten sich ein paar Jahre ziemlich einschränken. Aber jetzt macht Johanna gerade ihre Mittlere Reife. Mit 19.

Zum Beispiel Milan

Milan ist ein ziemlich Schlauer. Von seiner Mutter wusste ich, dass er nie viel tun musste, um gut mitzukommen. Er war auf einem der Gymnasien, die als besonders schwer gelten. Mit 14 fing Milan an, mit komischen Leuten abzuhängen, er trank, rauchte, was genau, wollten seine Eltern gar nicht wissen und immer wenn es klingelte, hatten sie Angst, die Polizei könnte vor der Tür stehen: »Sind sie die Eltern von ...?« Milans Mutter erzählte mir neulich: »Das waren die schwersten zwei Jahre meines Lebens.«

In der Zehnten blieb Milan sitzen. Neben der Schule jobbte er in einer Eisdiele, in die ich auch gerne ging. Manchmal sah ich ihn am Hintereingang stehen mit Fluppe, ein bisschen ungepflegt und in Null-Bock-Stimmung. Und so wie er dastand, sah er aus, als stammte er aus prekären Verhältnissen.

Zwei Jahre später machte Milan sein Abi mit einem Schnitt von 1,8. Sah wieder viel besser aus. Hatte Glück beim Losverfahren. Und begann ein Medizinstudium in einer anderen Stadt.

Zum Beispiel Leon

Leon war auch auf einem renommierten Gymnasium. Seine Mutter sagt heute, das sei von Anfang an die falsche Schule gewesen und ihr Kind ständig überfordert. Wahrscheinlich wäre er besser nach der Grundschule auf eine Realschule gegangen. Aber sein Vater, ein hohes Tier in einer großen internationalen Firma, legte Wert darauf, dass sein Sohn eine angesehene Schule besuchte. In der Sechsten blieb Leon sitzen. In der Neunten auch. Dann schaffte er die Zehnte nicht. Hatte keinen Abschluss. Konnte nicht noch mal wiederholen und nicht weitermachen.

Seine Mutter hatte sich von Leons Vater getrennt, als Leon in der Mittelstufe war. In dieser Zeit hatte es viel Streit gegeben, kein Wunder, das es auch für Leon in der Schule nicht lief. Doch dann bezahlte Leons Vater eine teure Privatschule, die Leon aufnahm, obwohl er zweimal hintereinander durchgefallen war. Leon machte sein Abi mit einem Dreierschnitt. Jetzt geht er auf eine private Hochschule und will Ingenieur werden.

Seine Mutter sagt: »Wir haben Glück im Unglück gehabt. Hätte mein Ex nicht die teuren Schulen bezahlt, wäre er in einer totalen Sackgasse gewesen – so wie viele andere, die keine wohlhabenden Eltern haben.«

Und Pia?

Pia war später eingeschult worden und ging nach der Grundschule erst auf eine Realschule. Nach drei Jahren, sagt ihre Mutter Carolin, wollten die Lehrer sie da nicht mehr haben. Sie war zu verpeilt, manchmal aufbrausend, inzwischen 15 und voll in der Pubertät.

Carolin suchte eine neue, städtische Realschule. Dort klappte es auch nicht. Schließlich schlug Pias Vater vor, sie für ein Jahr ins Ausland zu schicken – und das auch mitzufinanzieren.

In diesem Jahr konnten sich alle ein bisschen vom Schulstress erholen. Als Pia zurückkam, ging sie auf eine ganz normale Mittelschule. Machte mit vielen Nachhilfestunden ihren Quali. Und schließlich mit viel Schieben und Helfen vonseiten ihrer Mutter noch einen mittleren Bildungsabschluss im sogenannten M-Zweig derselben Mittelschule.

Pias Schnitt war zu schlecht, um damit auf eine Fachoberschule gehen zu können. Doch Carolin war der glücklichste Mensch der Welt. Vor allem als Pia dann noch eine Lehrstelle fand als Tischlerin.

Sie ist jetzt fast 20, und Carolin sagt: »In der Berufsschule tut sie sich schwer, in der Lehre muss sie viel arbeiten – aber sie weiß jetzt endlich, wofür. Und es macht ihr Spaß. Wenn mal was mit deinen Möbeln ist, sag Bescheid. Sie macht das gern.«

Von diesen Geschichten könnte ich noch zehn weitere erzählen. Und sie trösten mich. Weil sie zeigen, dass Schulkrisen in der Pubertät fast normal sind. Und weil sie zeigen, dass es immer irgendwie weitergeht – auch wenn es zwischenzeitlich so aussieht, als würde es nicht weitergehen.

Zwar hatte, bis auf Carolin, kaum jemand in meinem Umfeld so leidvolle und vor allem lang andauernde Hilfslehrerinnen-Erfahrungen wie ich. Aber wenn wir uns trafen, fühlte ich mich nicht mehr so allein wie damals, als fast alle ihre Kinder wie selbstverständlich aufs Gymnasium schickten und ich sie um diese Selbstverständlichkeit beneidete – und manchmal das Gefühl hatte, wir gehören irgendwie nicht mehr dazu.

In dieser Zeit musste ich auch öfter an den Satz denken, den eine Freundin immer zu mir sagte, wenn wir uns trafen: »Na, geht's dir gut – oder hast du Kinder in der Schule?«

Es ist der Satz, der jetzt als Titel auf diesem Buch steht (Danke, Anett!), und er gefällt mir bis heute, weil er vieles miteinander verbindet, was man braucht, um den Schulkummer zu bewältigen: ein tiefes Seufzen, Galgenhumor – und das Gefühl: Ich bin nicht allein!

Girls, Girls, Girls

Der 22. Juli 2016 würde ein ganz besonderer Tag werden: Greta sollte ihr Realschulzeugnis bekommen. Wenn alles gut ging.

Vorher, im Mai, musste sie vier schriftliche Prüfungen schreiben, die mehrere Stunden dauern würden – in Mathe, Deutsch, Englisch und Französisch. Und wenn danach ein Fach auf der Kippe stand, würde sie noch mündlich geprüft. Mit ihr gingen knapp 100 andere Mädchen aus der zehnten Jahrgangsstufe in die Prüfung.

Ob es eine bewusste Entscheidung war, unsere Töchter auf eine reine Mädchenschule zu schicken? Nein! Es hatte sich einfach so ergeben, weil uns diese Schule beim »Schulcasting« in der Zeit des Übertritts gut gefallen hatte und weil ich Freunde hatte, deren Töchter auch dort waren und viel Positives berichteten. Es war also eher ein Gefühl gewesen – keine rationale Entscheidung, denn ich hatte keine Erfahrung mit Mädchenschulen. Dort, wo ich zur Schule gegangen bin, in Niedersachen, gibt es sie nur selten. Seit den Siebzigerjahren galt dort eher eine koedukative Beschulung mit Jungen und Mädchen als besonders fortschrittlich und emanzipiert. In Süddeutschland und vor allem in Bayern haben die Mädchenschulen hingegen Tradition. Und bis heute viel Zulauf.

Der Nutzen des monoedukativen Unterrichts (so heißt es, wenn nur eine Sorte von Kindern in der Klasse sitzt), ist unter Erziehungswissenschaftlern umstritten. Viele von ihnen finden die Mädchenschultradition aber nicht unbedingt schlecht: Sie sagen, Mädchen und Jungs würden einfach unterschiedlich lernen. Jungs brauchten im Unterricht mehr Action, Mädchen möchten es ruhiger. Und gerade die schüchternen unter ihnen hätten die Möglichkeit, sich besser zu entfalten – vor allem in der Pubertät. Denn wenn nur eine Sorte Kinder da sei, könnten auch keine Geschlechterklischees wirken: bei den Mädchen geschieht dies oft in Fächern, die mit Mathe und Technik zu tun haben – bei den Jungs eher im sprachlichen Bereich.

»Ja«, sagt auch Greta, »wenn man 14 ist oder 15, ist es wirklich leichter, sich bei einer kniffeligen Frage zur Raumgeometrie zu melden – wenn man weiß, dass da nicht so ein cooler Mathe-Crack-Junge im Klassenzimmer sitzt, vor dem man sich bis auf die Knochen blamiert, wenn man was Falsches sagt.« Man könne sich zwar auch vor einem Mathe-Crack-Mädchen blamieren, aber von denen gebe es weniger und das sei in der Pubertät auch nicht so schlimm.

Nichtdestotrotz mochten meine Töchter – Mädchenschule hin oder her – weder Mathe noch Physik oder Chemie besonders. Vor allem bei Ida waren das immer die schlechtesten Fächer. Bei Greta gab es jedoch vor allem zum Ende der Realschulzeit in Mathe kleine, überraschende Highlights. Sie wurde richtig gut.

Ob das mit der Madchenschule zusammenhing, weiß ich nicht. Was aber tatsächlich auffällig war: Die Schule mit ihren vielen Mädchen hatte eine ruhige, fast kuschelige und sehr kollegiale Atmosphäre. Nicht, dass es nicht hin und wieder Gezicke gab und Gekreische, weil die eine beste Freundin – oh my god! –

jetzt eine andere beste Freundin hatte, das schon. Aber es gab keine Rangeleien um Jungs. Und im Großen und Ganzen hielten die Mädels zusammen wie die Internatszöglinge um Hanni und Nanni. Und sie bestätigten sich gegenseitig: »Wir Mädchen, wir sind eine gute Truppe. Wir haben's drauf. Und wir helfen uns, wenn's mal nicht gut läuft.«

Als eine von Idas Freundinnen irgendwann in der 7. Klasse wegen schlechter Noten auf die Hauptschule wechseln musste und deshalb ziemlich deprimiert war, organisierten sieben Mädchen aus der Klasse heimlich eine Abschiedsparty bei ihr zu Hause: Sie riefen die Mutter an, backten Kuchen, organisierten einen Grill und feierten dann im Garten mit ihrer Freundin Abschied. Ich fand das damals eine sehr schöne Geste.

Im Laufe der Jahre gewöhnte ich mich auch daran, dass auf den Geburtstagen meiner Töchter meistens nur Lisas, Mias und Jasmins auftauchten und nur sehr selten mal ein Paul oder ein Leo.

Auf den Schulfesten fand ich es trotzdem immer wieder ziemlich verblüffend, so viele Mädchen auf einem Haufen zu sehen: Sie wimmelten in allen Entwicklungsstufen um uns herum, und ich schätze jetzt mal vorsichtig, dass von knapp 400 Schülerinnen 398 lange Haare hatten, 351 trugen Skinny-Jeans, 349 dazu Chucks (Sommer) oder Uggs (Winter), 312 hatten eine Schultasche von einem Handtaschenhersteller, der lederbesetztes Nylon teuer verkauft, 100 mochten Pferde, 100 Ballett, 100 fanden Cro süß und der Rest wahrscheinlich den Erdkundereferendar.

Und zweimal in all den Unter- und Mittelstufenjahren bekam ich eine Mail, die vermutlich auch eher Mädchenschuleltern bekommen. Einmal wurden wir eingeladen zu einer Aufklärungsveranstaltung über Essstörungen. Und ein anderes Mal wurden wir im Hochsommer darüber informiert, dass wir doch bitte darauf achten sollten, unsere Töchter auch bei heißem Wetter angemessen gekleidet in die Schule zu schicken. Für den Fall, dass die Shorts zu kurz und die Ausschnitte zu tief seien, behalte man sich vor, lange Schul-T-Shirts auszuteilen, die unsere Töchter doch bitte am nächsten Tag gewaschen und gebügelt wieder mitzubringen hätten.

Ich weiß nicht, ob es für diese Mail einen konkreten Anlass gab – möglicherweise hatte der Erdkundereferendar sich beschwert, dass er sich nicht genug auf die plattentektonischen Prozesse konzentrieren könne, wenn die Schülerinnen aus den höheren Klassen zu luftig gewandet in der ersten Reihe säßen ...

Greta lachte sich damals kaputt und tauchte wochenlang morgens in Jeans und Top zum Frühstück auf: »Und, kann ich so gehen – oder kriege ich ein Schul-T-Shirt?«

Wir kriegten nie ein Schul-T-Shirt.

Und dann kam der Tag der ersten Abschlussprüfung. Ob ich nervös war? »Ach«, hatte ich vorher betont lässig gesagt, »wir Frauen, wir können doch mehr, als wir immer denken. Und ihr Mädchen, ihr könnt heute alles schaffen, wenn ihr euch reinhängt.«

Im Stillen hatte ich mich aber ein bisschen geärgert: Kurz vor Gretas erster Prüfung drückten die Moderatoren der Münchner Radiosender den Abiturienten über den Äther die Daumen. In den Tageszeitungen gab es ein Foto von einer Prüfungssituation am Gymnasium XYZ – Bankreihen mit rauchenden Köpfen hinter Wasserflaschen – und einen Zweispalter darüber, wie viele Schüler in diesem Jahr zum Abitur antreten würden und unter welchen Bedingungen. An die Realschüler, die kurz darauf auch an vier Tagen stundenlang würden schwitzen müssen und öffentliches Daumendrücken genauso gebrauchen konnten, dachte kaum einer.

Greta schaffte die Prüfungen trotzdem gut. Ihr Schnitt war solide und besser als nach der Grundschule. Und er reichte locker, um damit nach den großen Ferien auf die Fachoberschule zu gehen.

Wenn Greta das wollte.

Sie wollte. Und sie hatte diese Entscheidung für sich schon lange vor der ersten Prüfung getroffen.

Als wir am 22. Juli morgens in der Aula saßen und Greta vorne ihr Zeugnis überreicht bekam, sah ich Ida von der Seite an und ahnte, was sie dachte: »Da würde ich jetzt auch gern stehen, aber ob ich das jemals schaffe?«

Nach der Zeugnisübergabe gab es einen Sektempfang im Schulgarten: Da standen knapp 100 junge Frauen mit amtlich beglaubigten Abschlusszertifikaten, High Heels, kunstvollen Hochsteckfrisuren und superschicken Kleidern. Sie prosteten sich gegenseitig zu und auch ihren Eltern, die stolz aussahen. Ich prostete zurück und war an diesem heiteren Frühlingstag sehr erleichtert. Denn ich wusste, ich hatte einen wichtigen Teil meines Hilfslehrerinnenauftrags erfüllt – jedenfalls was Greta anging.

Jetzt mal mit Abstand: Warum sind Hilfslehrer meistens weiblich – und warum ist das keine gute Nachricht für die Emanzipation?

Hundert junge Frauen mit Zeugnissen in der Hand. Drei Viertel von ihnen mit dem Plan, sich in den nächsten Jahren weiter und höher zu qualifizieren. Das klingt gut! Das klingt nach dem Aufbau einer eigenen Existenzgrundlage.

Und, ja, es muss jetzt mal gesagt werden, in Sachen Bildung haben Frauen in den letzten 20, 30 Jahren einiges wettgemacht. Seit es sich rumgesprochen hat, dass Mädchen nicht nur geheiratet werden wollen, sondern auch das Zeug zu einer eigenen Karriere haben, stecken sie die Jungs in der Schule und an den Unis regelmäßig in die Tasche. So machen inzwischen mehr junge Frauen Abitur als junge Männer[43] – nicht selten mit besseren Noten

Doch dann, zehn, zwanzig Jahre später, sind sie plötzlich ins Hintertreffen geraten: Sie verdienen weniger, sind seltener in Führungspositionen, arbeiten oft Teilzeit in Jobs mit wenig Perspektiven – und werden im Alter einmal deutlich niedrigere Renten kriegen als die Männer ihres Jahrgangs. Und man fragt sich: Was ist passiert? Was schwächt die gut ausgebildeten Mädchen von einst, wenn sie erwachsene Frauen sind?

Natürlich lässt sich diese Frage nicht eindimensional beantworten. Viele Genderforscher haben nach Gründen gesucht und sich gefragt: Sind Frauen weniger durchsetzungsfähig, sind sie weniger macht- und konkurrenzorientiert, haben sie eine defensivere Selbstwahrnehmung und nicht genug Testosteron, um in einer ellenbogenorientierten Arbeitswelt nach oben zu kommen? Oder haben sie schlicht keine Lust, sich den Regeln der Männerwelt zu unterwerfen? Sind sie zu bescheiden in Gehaltsverhandlungen? Bevorzugen sie zu häufig die schlechter bezahlten Branchen, haben sie keine guten Netzwerke?

Wahrscheinlich ist es von allem ein bisschen. Ein wichtiger Grund wird aber gerne vergessen. Und das ist unsere Schulkultur. Denn: Viele Frauen werden Mütter. Und sehr viele Mütter werden Hilfslehrerinnen. Und beides zusammen führt sie in die sogenannte Retraditionalisierungsfalle.

Als mitverantwortliche Wissenschaftlerin für die bereits erwähnte Studie *»Eltern – Lehrer – Schulerfolg«* stieß auch Katja Wippermann bei ihren Interviews auf zahlreiche Mütter, die zugaben, ihre eigenen beruflichen Ambitionen über viele Jahre auf Eis gelegt zu haben. Dabei wurden für diese Studie keineswegs nur übertrittsgeschädigte Eltern aus Bayern befragt, sondern Mütter und Väter aus allen Teilen der Republik.

»Viele Paare«, so erklärt mir Katja Wippermann im Gespräch, »stellen die Weichen zum ersten Mal direkt nach der Geburt des ersten Kindes. Meistens sagt die Frau: ›Ach, ich bleibe erst mal zu Hause, mindestens ein Jahr.‹ Und für viele macht das auch wirtschaftlich Sinn, denn die Männer verdienen meistens besser. Das ist die erste Phase der Traditionalisierung.«

Sie wirft Frauen in genau jener Zeit zurück, in der die Männer meistens im Beruf durchstarten: Ende zwanzig, Anfang dreißig.

Schaffen es nicht trotzdem viele Frauen, nach dem Baby zurückzukommen, mag man an dieser Stelle einwenden? Ja, viele schaffen es – aber viele arbeiten erst mal nur Teilzeit: Deutschland hat mit 46,5 Prozent eine der höchsten Frauen-Teilzeitquoten in der EU.[44] »Ich stocke dann wieder auf, wenn das Kind älter wird«, sagen die Frauen. Doch dann bekommen sie vielleicht ein zweites Kind. Oder das erste Kind kommt in die Schule.

»Und genau an dieser Stelle beginnt die zweite Phase der Retraditionalisierung«, sagt Katja Wippermann. »Ist das Kind in der Schule und braucht Unterstützung, sind es sehr oft die Mütter, die ganz automatisch in die Hilfslehrerinnenrolle reinrutschen. Denn die Männer arbeiten ja in dieser Phase immer noch Vollzeit und haben gar keine Zeit, morgens in die Elternsprechstunde zu gehen oder nachmittags die Hausaufgaben zu betreuen. Sie kommen höchstens am Wochenende mal dazu, wenn es die Arbeitsbelastung zulässt. Und auch die Lehrer sprechen in der Regel die Mütter an. Das hat mit kulturell tief verwurzelten Geschlechterrollen zu tun.«

Fast alle Mütter, so Katja Wippermann, sähen sich in der Pflicht, diese Erwartung zu erfüllen, und hätten ihr in den Interviews sogar erzählt, dass sie ihre reduzierten Stellen noch weiter reduziert hätten, um dem Kind angemessen helfen zu können. Und damit das zu tun, was die Schule und die Gesellschaft von einer guten Mutter erwartet.

Die Phase, in der berufliche Ambitionen auf Eis gelegt werden, verlängert sich für viele Mütter damit nicht selten auf eine Zeitspanne von zehn Jahren oder mehr – und oft ist das zu lang, um danach noch mal richtig durchzustarten. Vor allem, wenn mehrere Kinder da sind.

»Wenn man diesen Sachverhalt zuspitzt«, erläutert Katja Wippermann, »dann kann man sagen, dass unsere derzeitige Schulkultur vor allem für Mütter aus der Mitte der Gesellschaft ein zwingender Grund ist, nicht Vollzeit oder vollzeitnah erwerbstätig zu sein. Und das hat erhebliche Folgen für ihre eigenen beruflichen Ambitionen und ihre Alterssicherung. Die Schulkultur schwächt also die Frauen und wirkt der Gleichberechtigung entgegen.«

Und wenn man es noch weiter zuspitzt, dann entsteht daraus ein fast schon absurder Zusammenhang: Denn das Bildungssystem, das in den Siebziger- und Achtzigerjahren dazu beigetragen hat, erstmals viele Mädchen gut auszubilden, fordert nun von den erwachsenen Frauen so viel Einsatz bei der Unterstützung ihrer Kinder, dass sie aus ihren Qualifikationen langfristig nicht das machen können, was eigentlich möglich wäre.

Diesen Zusammenhang formulierten auch die Befragten der Studie, an der Katja Wippermann beteiligt war. Dort merkten einige (Mütter und Väter!) durchaus sarkastisch an, *dass ausgerechnet der Bildungssektor, der einst Ausgangspunkt von Emanzipation und Gleichstellung war, heute Motor und Fortsetzung des teiltraditionellen Rollenbildes ist.*[45]

Manchen Müttern mag das recht sein und eine willkommene Legitimation, sich aus dem Berufsleben zurückzuziehen, um es sich Latte macchiato trinkend in der Komfortzone gemütlich zu machen, wie Bascha Mika es in ihrem Buch *Die Feigheit der Frauen*[46] provokant beschreibt. Die meisten leiden jedoch unter der Situation. Und empfinden eine große innere Zerrissenheit. Sie möchten einerseits, dass ihre Kinder mithalten können, und wissen andererseits, dass das nur mit ihrer Hilfe geht. Sie fühlen sich gestresst, aber gleichzeitig in ihrer Rolle auch geistig unterfordert: Statt das Einmaleins abzufragen oder Diktate zur Groß- und Kleinschreibung zu üben, möchten sie eigene berufliche Ziele verfolgen und merken, dass das nicht gleichzeitig zu machen ist. Oder nur zum Preis großer Erschöpfung.

Daraus ergibt sich für viele Eltern eine belastende Situation: Waren sie irgendwann mal angetreten mit dem Vorsatz, auch mit Kindern eine partnerschaftliche Rollenteilung zu leben, so rutschen sie jetzt in ein traditionelles Modell. Und das macht nicht nur Mütter, sondern auch Väter unglücklich – nämlich die, die vielleicht gerne mehr Zeit mit den Kindern verbringen würden, sich jetzt aber gezwungen sehen, viel zu arbeiten und ihre Karriere voranzutreiben, damit das Geld reinkommt, das die Frau nicht mehr verdient.

Durch die gegenwärtige Schulkultur können Eltern damit oft nicht so leben, wie sie gerne möchten. Und: Sie leben ihren Kindern ein Modell vor, das sie vielleicht selbst gar nicht gutheißen.

»So wird das traditionelle Rollenmodell in die nächste Generation transportiert«, sagt Katja Wippermann. Und auch wenn ihre Studie jetzt schon fünf Jahre zurückliege, so sehe sie nicht, dass sich an der Dynamik bis heute viel geändert habe. Sie sei sich nicht mal sicher, ob die Wiedereinführung des neunjährigen Gymnasiums G9 in einigen Bundesländern für die Mütter eine gute Nachricht sei. Denn G9 bedeute weniger Nachmittagsunterricht. »Und wir wissen, dass die Berufstätigkeit von Müttern abnimmt, wenn die Kinder mittags nach Hause kommen.«

Wer also wissen will, wie es kommt, dass aus ehrgeizigen jungen Frauen zwanzig Jahre später Mütter werden, die weit unter ihren beruflichen Möglichkeiten und Qualifikationen bleiben, muss auch dahin schauen, wo alles beginnt: in die Schule!

Höhere Schulen (der Erkenntnis)

Man lernt nie aus – die Theorie

Was macht eine Hilfslehrerin, wenn das erste Kind seinen ersten Abschluss gemacht hat. Urlaub? Ja, aber nur kurz. Denn nach den großen Ferien wird sie kein bisschen arbeitslos. Es ist nämlich so: Wenn die Hilfslehrerin sich nicht gerade um die Zellatmung oder Hannibal und den Zweiten Punischen Krieg kümmern muss, sollte sie sich fortbilden. Und zwar in Sachen Schul- und Berufsberatung. Schon als Greta im vorletzten Realschuljahr war, merkte ich, dass mein Wissen in dieser Beziehung lückenhaft und im Jahr 1983 stehen geblieben war. Damals hatte ich alles, was jenseits des Gymnasiums stattfand, nicht wahrgenommen.

Auf den Berufsmessen, die die Schule meiner Tochter nun dankenswerterweise für Kinder und Eltern organisierte, und auf den Infoveranstaltungen des Arbeitsamtes umschwirrten mich Bildungswege und Begriffe, von denen ich noch nie was gehört hatte: Es gibt die Fachoberschule FOS, auf die kann man nach der Realschule, aber nur, wenn der Schnitt ordentlich ist. Auf der FOS 12 kann man dann in zwei Jahren die Fachhochschulreife machen. Und wenn da der Schnitt stimmt, kann man noch ein Jahr anhängen. Das nennt sich dann FOS 13. Hat man auf der Realschule eine zweite Sprache gehabt und die mindestens mit einer Vier bestanden, kann man in der FOS 13 das »ganze Abi« machen – also die Allgemeine

Hochschulreife. Hat man keine zweite Sprache, erwirbt man die fachgebundene Hochschulreife. Man kann allerdings auch hinterher noch die zweite Sprache nachholen – und bekommt dann das ganze Abi. Macht man nach der Mittleren Reife eine Ausbildung, kann man danach auf die Berufsoberschule (BOS) und dort Fachabi oder auch Allgemeines Abi machen – je nachdem, ob man zwei Sprachen gelernt hat – oder nur eine (siehe oben).

Das alles ist nur ein kleiner Ausschnitt aus dem, was ich in meiner Fortbildung auf verschiedenen Elternabenden und Infoveranstaltungen gelernt habe. Insgesamt, so habe ich mir sagen lassen, gibt es in Bayern über 30 verschiedene Wege zur Hochschulreife. Einer geht zum Beispiel auch über die Ausbildung und eine anschließende Meisterprüfung.

Ein anderer geht über die Nichtschülerprüfung, bei dem man entweder alles selbst lernt oder eine Art Fernstudium auf dem zweiten Bildungsweg macht.

Wie es in den anderen Bundesländern aussieht? Ach, um mein Wissen auszuweiten auf die ganze föderale Bildungsrepublik, brauche ich noch mindestens eine zweite Fortbildung – oder andere Hilfslehrerinnen aus Hessen, Nordrhein-Westfalen oder Mecklenburg-Vorpommern, die mich aufklären.

Was ich allerdings schon begriffen habe, ist: In ganz Deutschland gibt es so viele verschieden Schultypen und Bildungswege, dass einem schwindelig wird. Manchmal sind die Schultypen sehr ähnlich, heißen aber nicht gleich. Oder sie heißen gleich, funktionieren aber unterschiedlich. Wie zum Beispiel die Mittelschule: Bis vor wenigen Jahren assoziierte ich mit diesem Begriff noch die Realschule. Vor einigen Jahren wurden in Bayern aber auch die meisten Hauptschulen in Mittelschule umbenannt. Nun kann man dort auf dem M-Zweig noch einen mittleren Bildungsabschluss machen, der dann aber – so wird gemunkelt – doch nicht ganz so viel wert ist wie ein »richtiger«

Realschulabschluss. Oder die FOS 13: In Bayern wird sie an manchen Fachoberschulen im Anschluss an die FOS 12 angeboten. In Nordrhein-Westfalen aber nur in Kombination mit einer Berufsausbildung. Und in manchen Bundesländern gibt es die FOS 13 gar nicht.

Das ergibt ein ziemliches Durcheinander. Ohne Anspruch auf Vollständigkeit hier zur Demonstration eine kleine Aufgabe für alle, die sich mal wieder wie in der Schule fühlen wollen: Bitte verbinden Sie die jeweilige Schulart mit den dazugehörigen Bundesländern und erläutern Sie unter Berücksichtigung der einschlägigen Rechengesetze, wie viele Bildungsgänge und Abschlüsse sich daraus ergeben.

Schleswig-Holstein
Bremen
Hamburg
Berlin
Niedersachsen
Mecklenburg-Vorpommern
Brandenburg
Sachsen-Anhalt
Sachsen
Thüringen
Hessen
Nordrhein-Westfalen
Rheinland-Pfalz
Saarland
Baden-Württemberg
Bayern

Werkrealschule
Orientierungsstufe
Gesamtschule
Mittelschule (mit M-Zweig)
Realschule (plus)
Hauptschule
Gymnasium
Stadtteilschule
Fachoberschule
Wirtschaftsschule
Regelschule
Oberschule
Berufsoberschule
Berufliches Gymnasium
Gemeinschaftsschule
(Integrierte) Sekundarschule
Mittelstufenschule
(Erweiterte) Realschule
Berufskolleg
Regionalschule[47]

Angesichts dieses Wirrwarrs muss man sich fragen, wie sich das die Bildungspolitiker eigentlich vorstellen: Wie sollen wir Familien mit so einem Bildungssystem zurechtkommen in einer Arbeitswelt, die Mobilität voraussetzt und in der Mütter und Väter im Laufe ihres Berufslebens gerne mal durch die ganze Republik geschickt werden, zum Beispiel weil – wie in meinem Fall – der Arbeitsort einfach von München nach Hamburg verlegt wird.

Eltern, die von Passau nach Berlin ziehen, stellen plötzlich fest, dass es dort ganz andere Schulen gibt. Und auch ganz andere Fächer. Und man braucht schon eine gewisse Ausdauer, um herauszufinden, auf welcher Schule es in Kaiserslautern weitergehen könnte, wenn man von einer Münchner Realschule mit Kunstprofil kommt. Und wer von Bremen nach Stuttgart zieht, muss damit rechnen, dass die Kinder, die in Bremen im Gymnasium gut waren, plötzlich Probleme haben, weil in Baden-Württemberg anders gelehrt, gelernt und bewertet wird.

Tatsächlich habe ich Freunde, die ihre 16-jährige Tochter für ein Jahr zu den Großeltern ins Hessische geschickt haben, damit sie da den Abschluss schafft, den sie im Süden der Republik nach ihren Einschätzungen gar nicht oder nur mit Ach und Krach hingekriegt hätte. »Später, wenn es um die Zulassungsbeschränkungen an der Uni geht, fragt doch kein Mensch mehr danach, wie der Abischnitt zustande gekommen ist«, hatten sie gesagt. Und ich hatte wieder mal darüber nachgedacht, ob ich Ida nach Hamburg holen sollte.

Doch zurück nach Bayern. Das Interessante an der Sache ist, dass die meisten Eltern, die ich kenne, ja auch irgendwie wissen, dass es viele Wege zu einem vernünftigen Abschluss gibt und keineswegs alles verloren ist, wenn der gerade Weg über das Gymnasium nicht gleich funktioniert. Wie kommt es aber, dass es sie trotzdem nicht zu beruhigen scheint?

Ich vermute, es hängt damit zusammen, dass sie ahnen: Der gerade Weg ist unter dem Strich der unkomplizierteste. Die krummen Wege kosten extra Kraft. Und das Kind muss sich jedes Mal wieder bewähren. Denn all die, die uns immer wieder erzählen, wie durchlässig unser Schulsystem ist, verschweigen eine wichtige Tatsache gerne: Wer weitermachen will, muss die Prüfung nicht nur bestehen, sondern braucht einen bestimmten Schnitt. Das Bangen um die Noten geht also weiter. Und der Hilfslehrerinneneinsatz in die nächste Runde.

Man lernt nie aus – die Praxis

Im Juni 2016 hatte Greta ihre Mittlere Reife gemacht. Zwei Jahre später, im Mai 2018, kam die nächste Abschlussprüfung zum Fachabitur. Die vier Prüfungen lagen alle in einer Woche: Montag Deutsch, Dienstag Psychologie, Donnerstag Englisch, Freitag Mathe. Jede Prüfung dauerte drei bis vier Stunden. In dieser Woche machte sich unser Kind jeden Morgen mit einem beeindruckenden Essenspaket auf den Weg, mit der Folge, dass auf dem Deckblatt der Deutschklausur über den Selbstoptimierungsdrang in der Fitnessbranche jetzt ein Fettfleck ist, weil es zu einem Zusammenstoß mit dem Kresse-Butterbrot kam.

In der Englisch-Prüfung am Donnerstag gab es dann noch eine kleine Irritation. Oben auf dem Blatt stand »Ersatzklausur«. »Warum das?«, fragte Greta, die den Zusatz auf dem Klausurbogen als Erste entdeckte. »Dürfen wir nicht drüber reden«, sagte der Aufsicht führende Lehrer.

Am nächsten Tag hörte ich im Radio, dass in eine FOS im Dachauer Raum eingebrochen worden war. Die Einbrecher hatten die Tresorwürfel mit den Prüfungsaufgaben mitgenommen.

Die Englisch- und Matheprüfungen mussten in Windeseile bayernweit gegen die in weiser Voraussicht konzipierten und an anderer Stelle gelagerten Ersatzunterlagen ausgetauscht werden. Zehntausende FOS-Schüler bekamen neue Aufgaben.

Wollten die Einbrecher wirklich die Prüfungsaufgaben? Vermutlich nicht, stand später in der Zeitung. Und ich weiß noch, wie Greta und ich uns lachend vorstellten, dass zwei zwielichtige Kleinkriminelle an einem geheimen Ort erwartungsvoll und mit viel Getöse die Tresorwürfel sprengten und dann sahen: »Waas? Bloß Papierkram? Bloß Kurvendiskussionen, englische Texte und Stilanalysen ...?!? Nee, oder!?!«

Greta machte der Einbruch vor der Mathearbeit trotzdem nervös. Ersatzprüfungen seien immer schwerer, orakelte sie und ging morgens mit noch mehr Bauchschmerzen los. Und tatsächlich sollte die Mathenote dann später auch mit Abstand die schlechteste werden.

Der größte Stressfaktor waren jedoch nicht die Abschlussprüfungen selbst, sondern das, was davor passierte. Während Gretas Freundinnen am Gymnasium schon viele Wochen vor dem Abitur keine Schulaufgaben mehr schrieben und andere Freundinnen in anderen Bundesländern gar ganz freihatten und sich vorbereiten konnten auf das gymnasiale Finale, kannte die Fachoberschule meiner Tochter kein Erbarmen: In den drei Wochen vor Ostern wurde nahezu an jedem Tag noch irgendeine Schulaufgabe oder Ex für das laufende Schuljahr geschrieben. Und auch danach, nicht mal drei Wochen vor der Abschlussprüfung, sah Gretas Woche so aus: Montag – Englisch-Ex, Dienstag – Französisch-Schulaufgabe, Mittwoch – Psychologie-Schulaufgabe, Donnerstag – Deutsch-Ex und Freitag – Psychologie-Ex.

Die Schulleitung gab zu, dass dies heftig sei, und erklärte, dass dies vor allem auch mit den sehr frühen Pfingstferien 2018 zusammenhänge: Da die Prüfungen vor Pfingsten geschrieben werden müssten, würden sich nun die Termine drängen. Leider!

Greta wurde in dieser Zeit immer durchsichtiger und bedenklich dünn, einmal fand ich sie nachmittags um vier am Schreibtisch, schlafend: Der Kopf lag auf einem Stapel Karteikarten, die sie sich geschrieben hatte. Und die Hilfslehrerin, also ich, stand ziemlich hilflos daneben und dachte: »Wer im Kultusministerium hat sich diesen Irrsinn nur ausgedacht?« Keiner von den dort Zuständigen würde sich einen derartigen Lern- und Prüfungsmarathon antun wollen. Fast kam es mir vor, als sollte unser Kind nun bestraft werden für die Tatsache, dass es nicht den geraden Weg gegangen war. Und die gut gemeinten Verheißungen der Bildungsbeauftragten, es gebe in Bayern immer einen Weg, um sich weiter zu qualifizieren, erschienen mir in diesem Moment wie blanker Hohn.

Mehrere Schülerinnen in Gretas Klassenstufe klappten in diesen Monaten zusammen. Greta hielt durch. Ihr Ehrgeiz war erwacht, sie wollte es allen zeigen, vor allem aber sich selbst. Und ich war verblüfft, mit welcher Nervenstärke mein ehemals so ängstliches Kind den Prüfungsmarathon absolvierte.

In dieser Zeit mutierte ich nach vielen Jahren als Hilfslehrerin wieder zurück zur Mutter. An den Nachmittagen vor den Prüfungen bugsierte ich gerne zwei dampfende Kaffeetassen und Lieblingskekse hinunter in den Hof. Da saßen wir dann unter der Linde im lauen Frühlingslüftchen und fachsimpelten. Nein falsch, Greta fachsimpelte, und ich fragte sie zu Aufgabenstellungen ab, die ungefähr so klangen:

Untersuchen Sie rechnerisch, ob die abschnittsweise definierte Funktion an der besagten Stelle differenzierbar ist. (Mathe)

Oder, auch sehr schön:

Erklären Sie die relevanten Annahmen des Klassischen Konditionierens nach Pawlow und berücksichtigen Sie dabei den Aspekt der Reiz-Generalisierung. (Pädagogische Psychologie)

Die Antworten gab sich das Kind selbst. Ich schaute dabei nur auf die Karteikarten, die es mir vorab in die Hand gedrückt hatte: »Guck mal, ob ich alles sage, was da drauf steht ...« Ich guckte. Ich korrigierte: »Hier steht noch was von erster Ableitung ...« Und oft verstand ich nur Bahnhof und fragte mich, ob ich das selbst wirklich auch mal gelernt hatte?

Nein, inhaltlich helfen konnte ich meinem Kind nicht mehr. Psychologisch aber schon. Ich sagte, so oft es sich anbot: »Wahnsinn, wie viel du weißt!« Und kochte in meinen Münchner Wochen Lieblingsspeisen mit einem Extraschuss Sahne. Ich verteilte auch Duftkerzen im Flur und wartete dazu mit völlig unbelegten Thesen auf: Ich erklärte zum Beispiel, die Inhaltsstoffe dieses Dufts förderten die Vernetzung im Gehirn und aktivierten vor allem das Corpus callosum, das wiederum wichtig sei für das Denken mit beiden Gehirnhälften ... Das biochemisch bewanderte Kind lachte und sagte: »Ach ja, dann erklär mir doch mal eben, wie das genau funktioniert. Welcher Transmitter ist denn da genau beteiligt, wenn die Duftnote ›Happy Buddha‹ mit Zedernholz und Orange durch unseren Flur weht?«

In dieser Zeit machten wir auch oft kleine Spaziergänge, wenn Greta sagte, sie müsse jetzt mal den Kopf lüften. Und beim Gehen hatten wir schöne Gespräche. Unsere Tochter war jetzt fast 18, sie hatte zwölf Jahre Schule hinter sich, davon acht mit mir als Hilfslehrerin, was unserer Beziehung – hatte ich das bereits erwähnt? – durchaus nicht immer zuträglich gewesen war. Doch, wenn wir jetzt so nebeneinandergingen und plauderten, merkte ich: Wir hatten uns nicht verloren im Schulchaos. Wir hatten – wieder – eine gute Mutter-Tochter-Beziehung. Und mein Kind hatte bei der Ochsentour durch die Schule viel mehr gelernt als nur Stochastik und Osmose.

Es hatte gelernt, sich nicht entmutigen zu lassen. Und mit großem Stress umzugehen. Es war zielstrebig geworden. Und ziemlich erwachsen.

Wenn dieses Buch erscheint, wird Greta wohl auf der Zielgeraden sein. Nach dem FOS-Abschluss hat sie sich entschlossen, noch ein Jahr anzuhängen und das »richtige Abitur« zu machen! Der dritte Abschluss in drei Jahren: Wieder jede Menge Prüfungen. Ich beneide sie nicht und denke oft: Mein eigener Weg zum Abitur war in den Achtzigerjahren deutlich leichter. Und ich wünsche mir sehr, dass es irgendwann in diesen Tagen für sie einen Moment geben wird, der sich für sie so anfühlt wie für mich – damals im Mai 1983, an diesem Freitag, dem 13., als ich immer geradeaus durch die wogenden Kornfelder radelte und wusste: »Hey, ich habe es geschafft. Jedenfalls fürs Erste!«

Sambastunden – und die Schule des Lebens

Ida wird, wenn dieses Buch erscheint, wahrscheinlich in der zehnten Klasse sein. »Wahrscheinlich« – weil sie am Ende der neunten Klasse zwei Fünfen hatte, die Lehrer sie aber auf Probe vorrücken ließen und ich jetzt, da ich diese Zeilen schreibe, noch nicht weiß, ob das gelingt. Oder ob sie im Laufe des Schuljahrs nicht doch zurückmuss in die Neunte ... Ich würde das Sitzenbleiben betrüblich finden. Aber nicht so betrüblich, wie ich es eigentlich erwartet hätte. Denn auch wenn ich mir nicht sicher bin, ob Wiederholen tatsächlich eine gute Maßnahme ist – die Studienlage darüber, ob Kinder leistungstechnisch davon profitieren, ist äußerst unklar –, was Sitzenbleiben sicher bewirkt, ist Folgendes: Es schenkt allen ein Jahr mehr Zeit. Und diese Zeit lässt sich nutzen – für Mathe und Deutsch. Aber auch für anderes.

»Haben deine Kinder irgendwelche Hobbys?«, wurde ich öfter gefragt, wenn ich Freunden von unserem Schulkummer erzählte, »Hobbys sind wichtig als Ausgleich.« Ja, das war mir klar. Aber für Hobbys musste man auch üben. Und nach der ganzen Lernerei hatten die Mädchen keine Lust, noch irgendwas zu üben.

Wir haben es trotzdem ein paarmal versucht: Greta spielte fünf Jahre lang Klavier, bis wir einsahen: Sie hielt nur durch, weil sie uns einen Gefallen tun wollte. Aber Spaß machte es ihr nicht. Und richtige Fortschritte waren auch nicht zu erkennen. Also hörte sie auf. Danach wurde sie Katja Stingel und hatte furchtbar viel zu tun. In der Schule. Und mit ihren Korrekturen in den 25 Heften. Da blieb nicht mehr viel Zeit für anderes.

Ida wollte auch Klavier spielen, hatte aber einen noch deutlich kürzeren Atem als Greta: ein Jahr. Dann wollte sie Hip-Hop tanzen: neun Monate. Schultheater: acht Monate. Wakeboarden: sechs Monate. Leichtathletik: drei Monate. »Und Mama, heute kann ich sowieso nicht, weil wir schreiben morgen Mathe ...«

Nein, es lief nicht mit den Hobbys. Denn eigentlich hatte sie ohnehin eine ganz andere Leidenschaft: Pferde. Wo und wann immer sich die Gelegenheit bot – im Urlaub, bei Freunden, bei Oma auf dem Land –, versuchte sie zu reiten. Richtig gelernt mit Reitstunden hatte sie es aber nicht. »Wie soll das gehen«, hatte ich immer gesagt: »Wir wohnen in der Stadt. Die Reiterhöfe sind alle außerhalb. Wie willst du dahin kommen? Wir können dich nicht immer fahren – und so eine Reitbeteiligung ist wahnsinnig teuer.«

Irgendwann, vor etwa eineinhalb Jahren, lernten wir dann auf einer Party Felizitas kennen – eine toughe Mitvierzigerin, 1 Meter

80 groß, mit Führungsposition im Job, zwei Söhnen, Familie und: Pferd. Das Pferd, so erzählte sie, stehe gar nicht weit entfernt und Ida könne jederzeit hin. Wir müssten nichts bezahlen. Und am Wochenende würde sie ohnehin immer rausfahren und könne Ida mitnehmen. Wer kann dazu schon Nein sagen?

Felizitas' Pferd Samba war eine riesige ungarische Stute mit einem Stockmaß von 1 Meter 82. Unser Kind war damals gerade 1 Meter 62 groß. Als ich Samba zum ersten Mal sah, flößte selbst mir dieses Tier Respekt ein – und das, obwohl ich mit Tieren groß geworden war und als Mädchen selbst ein Pony gehabt hatte.

Es ging dann auch nicht gut. Ida schaffte es nicht, dem Pferd die Trense allein anzulegen. Der Sattel war viel zu schwer. Und wenn sie auf dem Pferd saß, war sie zu leicht, um für das Tier wirklich spürbar zu sein. »Sie braucht Reitstunden«, sagte Felizitas. Und vermittelte uns Nelly, 26, Maschinenbaustudentin, Reitprofi, schlau, resolut, hübsch. Ida mochte sie sofort. Ach was, sie himmelte sie an. Die Neurobiologen würden sagen: Es ging unter die Haut. Gute Voraussetzungen also für den Lernerfolg und die Gehirnvernetzung.

Bei Nelly lernte Ida das kleine Reitereinmaleins. Wie man richtig saß, richtig trabte. Richtig auftrenste. Und wie so ein Großprojekt Pferd tickte. Irgendwann probierte Ida zum ersten Mal Galopp. Beim dritten Versuch buckelte das Pferd und warf sie im hohen Bogen ab.

Danach hatte sie Angst. Vorm Angaloppieren. Davor, dass das Pferd wieder buckelte. Immer seltener bat sie uns, sie rauszufahren auf den Reiterhof.

»Ich kann das nicht«, sagte sie, »das Pferd ist zu riesig.« Sie übertrug das, was sie in der Schule erlebt hatte, auf das Pferd: »Die Herausforderung ist zu groß. Üben hilft nicht, ich falle sowieso auf die Nase ...«

Doch Felizitas und Nelly ließen das nicht gelten. Sie fragten: »Warum kommst du nur noch so selten? Du willst doch nicht etwa aufgeben? Jeder fällt mal runter. Das ist total normal. Aber wichtig ist, dass man wieder aufsteht und dem Pferd zeigt: Ich hab keine Angst vor dir!«

Felizitas erzählte mir manchmal, dass sie mit Ida beim Heimfahren noch länger im Auto gesessen und ihr Mut gemacht habe. Sie habe ihr von sich erzählt, wie lange sie gebraucht habe, um gut reiten zu können. Und auch Nelly sagte immer: »Wenn du es auf der großen Samba schaffst, schaffst du es auf jedem Pferd!«

Das klang ein bisschen nach Frank Sinatra: »If I can make it here, I'll make it anywhere, [...] New York, New York!« Doch ohne es zu wissen, machten die beiden damit die Motivationsarbeit, die ich in Schuldingen nicht mehr leisten konnte.

Ida ließ sich überreden. Und machte weiter. Galoppierte. Fiel noch ein paar Mal runter. Bekam einen Rückenprotektor. Und stieg jedes Mal wieder auf.

Nach einem halben Jahr Reitunterricht hatte sie plötzlich den Bogen raus. Nicht, dass sie schon Turniere hätte reiten können, aber als ich sie nach einiger Zeit mal wieder vom Stall abholte, war ich völlig perplex: Wie routiniert, klar und konzentriert meine kleine Tochter mit diesem großen Tier umging, wie sie sich die Zügel nicht aus der Hand nehmen ließ und die Richtung bestimmte, wie sie gerade und vor allem fokussiert im Sattel saß und wie sie strahlte, wenn die Volte gelungen war – so hatte ich sie noch nie erlebt. Und das sagte ich ihr auch.

Und Felizitas sagte: »Die weiß, was sie will. Die macht ihr Ding, du wirst sehen.«

Warum ich diese Geschichte erzähle? Sie zeigt, wie ein Hobby Lebenshilfe leisten kann: Felizitas, Nelly und Samba haben Ida nicht nur geholfen, einen lang gehegten Wunsch endlich anzugehen. Sondern sie haben ihr auch eine Erfahrung geschenkt, die sie fast vergessen hatte: Die Erfahrung, dass Üben sich lohnt und dass Lernen Spaß machen kann. Es ist eine Erfahrung, die gute Schüler in der Schule ständig machen. Ida musste für diese Erfahrung erst noch eine andere Schule besuchen: die hohe Schule des Angaloppierens, der Hufschlagfiguren und des Durchparierens. Die Schule des Runterfallens und Wiederaufstehens.

Ob sie damit über den Berg ist? Das kann ich im Moment noch nicht mit Gewissheit sagen. Eines aber weiß ich: Ihre Sambastunden werden ihr helfen, wenn sie in naher Zukunft ihre Mittlere Reife angeht.

Reifezeugnis: Eine Mutter erreicht das Klassenziel

Meine Ausbildung zur Hilfslehrerin verlief – wie vermutlich die der meisten Hilfslehrerinnen – vor allem nach dem Motto: »Learning by Doing«. Ich würde sagen, ich war schlecht vorbereitet auf das, was mich erwartete. Ich wurde ins kalte Wasser geworfen. Aber das hat das Kindergroßziehen wohl auch abseits schulischer Lehranstalten an sich: Man macht es zum ersten Mal – und so gut man es eben kann.

Nach nunmehr 13 eigenen Schuljahren und 13 Schuljahren als Schulcoach meiner Kinder habe ich das Klassenziel erreicht. Ich bin fertig ausgebildete Hilfslehrerin. Ich kenne mich aus mit Lehrplänen, Schulbüchern und Motivationstricks. Ich weiß, dass Elternsprechtage eine Art Speeddating im Schulhaus sind und eine Nachhilfestunde für 15 Euro ein Schnäppchen ist – jedenfalls in München.

Ja, ich bin tatsächlich schlauer geworden. Und ich habe eine ganze Menge gelernt. Über meine Kinder. Über die Schule – vor allem aber über mich selbst.

Und nachdem es in diesem Buch nun sehr viel um Noten und Prüfungen ging, finde ich es an der Zeit, dass ich auch ein Zeugnis bekomme. Ich habe mich gefragt, wie mich wohl die strenge Frau Katja Stingel bewerten würde – und vermute, mein Zeugnis sähe wohl ungefähr so aus:

Fachliche Kompetenz

Anke hat ein breites Allgemeinwissen, das auch heute noch weitgehend den Anforderungen einer deutschen Lehranstalt genügt. Jedenfalls ungefähr bis zur Hälfte der Mittelstufe.

Zwar hielt sie Chișinău zunächst für eine sardische Weinsorte, konnte sich aber erstaunlich gut in mathematische Textaufgaben einarbeiten. Sie liest englische Texte flüssig und erfasst ihre Inhalte. Sie verfügt trotz verkümmerter Sprachpraxis über ein breites Repertoire an französischen Vokabeln und konnte sich auch nach über 35 Jahren noch daran erinnern, wie das mit den Erbsen und den Mendelschen Regeln war.

Ihre Kenntnisse über die Kelten und die Stoffwechselvorgänge im Zitronensäurezyklus wären ausbaufähig, ebenso die Gesetze der Mechanik in Physik. Nach der achten Klasse hat Anke deutliche Lücken.

Pädagogische Kompetenz

Anke war stets sehr bemüht, ihren Kindern eine Unterstützung zu sein. Sie ist gut organisiert und hat ein Talent dafür, zentrale Wissensinhalte zu ordnen und auf den Punkt zu bringen. Mitunter fehlte es ihr aber an Geduld und an der Einsicht, dass nicht alle so schnell kopfrechnen können müssen wie sie selbst. Sie konnte nur schwer nachvollziehen, dass ihre Schüler neue Dinge nicht gleich verstanden – und ver-

gaß dabei gern, dass sie diese Inhalte bereits zum x-ten Mal in ihrem Leben wiederholte, während die Kinder zum ersten Mal vom Futur II Passiv hörten und sich berechtigterweise fragen, wozu das im Leben eigentlich mal »gebraucht worden sein wird«. Anke sollte üben, im Bereich der Einfühlung besser zu werden.

Fantasieübung zur Stärkung des Einfühlungsvermögens

Holen Sie tief Luft, und schließen Sie die Augen. Stellen Sie sich vor, Sie machen etwas zum ersten Mal, zum Beispiel auf dem Handy einen Film schneiden. Es klappt nicht – nicht beim ersten Mal, nicht beim zweiten Mal, die Finger rutschen immer wieder ab. Sie fühlen sich bereits leicht gestresst und ungeduldig, geben aber nicht auf und versuchen es weiter. Dann, beim vierten oder fünften Versuch, wird das Display plötzlich schwarz, weil Sie aus Versehen die falsche Taste erwischt haben. Genau in diesem Moment stellt sich jemand neben Sie und schaut Ihnen über die Schulter, zum Beispiel ein Schüler, zum Beispiel ein Digital Native, zum Beispiel eines Ihrer Kinder. Der Mensch neben Ihnen sagt: »Ach, so ein Handy-Filmchen zu schneiden ist doch keine Kunst, das geht ganz einfach.« Vielleicht sagt der Mensch auch nichts und nimmt Ihnen einfach nur das Smartphone aus der Hand, wischt ein bisschen darauf herum und – zack! – ist der Film geschnitten. Achten Sie genau an dieser Stelle darauf, wie Sie sich fühlen.

Es entspricht in etwa dem emotionalen Zustand Ihres Schülers, wenn Sie ihm zum vierten Mal zu erklären versuchen, was ein Modalverb ist – und nun bereits gut sichtbar mit den Augen rollen, weil sie genervt sind von seiner Begriffsstutzigkeit.

Frustrationstoleranz

Anke lässt sich zu schnell entmutigen. Wenn ihre Kinder eine schlechte Phase in der Schule hatten, konnte sie sich kaum vorstellen, dass sich die Kurve auch wieder nach oben wenden könnte. Sie stresste sich zusätzlich durch den Anspruch, sich den Schulstress nicht anmerken zu lassen. Denn sie weiß, dass Hilfskräfte mit einer angestrengten Außenwirkung nicht gut ankommen. Anke sollte sich jedoch viel unabhängiger machen von einer gesellschaftlichen Debatte, bei der Elternbashing zum guten Ton gehört und vor allem Mütter es nie recht machen können. Anke sollte deshalb unbedingt daran arbeiten, ein dickes Fell zu kriegen. Und mehr Abstand zur öffentlichen Debatte.

Sozialverhalten

Anke neigt zu selektiver Wahrnehmung. Auf Schulfesten pickt sie sich die Menschen heraus, die (möglicherweise ungewollt) taktlose Dinge sagen und zielsicher ihren wunden Punkt treffen. Sie sollte sich deshalb mehr mit Gleichgesinnten vernetzen. Überall gibt es Menschen mit bewegten Schulkarrieren, die heute sehr interessante und erfolgreiche Zeitgenossen sind. Es gibt inzwischen auch Personalchefs, die sagen: »Was mich bei einem Bewerber interessiert, sind nicht so sehr die Noten, mich interessiert, ob der Bewerber ein Typ ist und etwas Interessantes im Lebenslauf stehen hat ...«

Anke sollte außerdem gelegentlich auf Klassentreffen gehen und sich erkundigen, was aus den ehemaligen Mitschülern geworden ist. Vor allem aus denen, die früher besonders schlecht in der Schule waren. Oder besonders gut.

Allgemeine Bemerkungen

Anke hat mit großer Offenheit ihre Schwierigkeiten formuliert und bearbeitet. Dabei hatte sie keine Scheu, Fehler zuzugeben. Auch nicht vor ihren Schülern. Sie hat sich sehr bemüht, ruhig zu bleiben. Das gelang ihr nicht immer – aber in den letzten Jahren immer öfter.

Sie hat an der AG »Streitschlichter« teilgenommen.

Sie hat an der AG »Aktiv Entspannen durch Joggen« teilgenommen.

Ob ich mit diesem Zeugnis Karriere mache? Wahrscheinlich nicht. Zum Glück muss ich es auch nicht (mehr). Es würde mich aber freuen, wenn all die anderen Hilfslehrer und vor allem die Hilfslehrerinnen, die jetzt gerade ihre Kinder einschulen oder Anflüge von Übertrittspanik erleben, es besser machen als ich – und sich weniger von einer Schulkultur aus Angst und Druck vereinnahmen lassen. Denn das – man erinnere sich an die neurobiologischen Zusammenhänge – vernebelt das Gehirn und verhindert das komplexe Denken.

Möglicherweise führt es auch dazu, dass wir Hilfslehrerinnen gar nicht erst versuchen, Rechenaufgaben zu lösen, deren Ergebnisse unsere Stimmung heben könnten. Und zwar erheblich.

Da wäre zum Beispiel dieses Rechenexempel: Was passiert, wenn in ein paar Jahren 1,3 Millionen Babyboomer in Rente gehen – aber nur 700 000 junge Leute nachkommen? Die Antwort lautet: Auf dem Arbeitsmarkt entsteht – trotz Zuwanderung und digitalem Wandel – eine ziemlich große Lücke. Und die ist gut für unsere Kinder.

Selten, so schreibt der Soziologieprofessor Heinz Bude in seinem bereits erwähnten Buch *Bildungspanik* und sprüht geradezu vor Zuversicht, sei eine demografische Situation für eine Generation so günstig gewesen wie die derzeitige: *Das Verhältnis von Geburtenaufkommen und Stellenverfügbarkeit hat sich in den letzten Jahren so entwickelt, dass eigentlich für jede und jeden Platz ist.*[48] Für alle Eltern, die wegen unberechenbarer Aufnahmeverfahren für weiterführende Schulen oder wegen unglaublicher Zulassungsbeschränkungen für bestimmte Studiengänge um den Schlaf gebracht werden, gebe es deshalb gute Nachrichten: *Auch mit einem Abidurchschnitt von 3,1 oder mit einem allenfalls passablen mittleren Schulabschluss brauchen sie sich keine Sorgen um die Zukunft ihrer Kinder zu machen. Jedenfalls was die beruflichen Chancen und die Bedingungen des Karriereerfolgs betrifft.*

Denn: *Die Demographie rettet alle.*[49]

Machen wir Hilfslehrer und Hilfslehrerinnen uns diesen entspannten Blick wenigstens ein bisschen zu eigen. Und hören wir auf, die Latte für unsere Kinder immer höher zu legen. Und immer mehr Familienfrieden der Schule zu opfern.

Vertrauen wir den demografischen Prognosen.

Und vor allem: Vertrauen wir unseren Kindern.

Jetzt mal mit Abstand:
Und was sagt ihr dazu? Ein Interview mit meinen Töchtern Greta, 18, und Ida, 15

Ihr zwei, jetzt sitzen wir hier am Tisch mit Kaffee und Keksen. Es ist gemütlich. Aber es ist auch der gleiche Tisch, an dem wir immer gelernt haben. Das war nicht so gemütlich. Es endete oft mit Geschrei ...
BEIDE: Hilfe! Erinnere uns bloß nicht daran.

Wäre es besser gewesen, ihr hättet mich nicht jahrelang als Hilfslehrerin gehabt?
GRETA: In den Momenten, wenn wir beide dasaßen, klar, da hab ich immer gedacht: »Oh no, schon wieder so ein Lernwochenende. Darauf hab ich ja null Bock.« Ich war sauer auf dich, dass du so hartnäckig warst und oft so ungechillt in Schuldingen. Aber inzwischen glaube ich, dass ich niemals so weit gekommen wäre, wenn du und Papa mir nicht so geholfen hättet.
IDA: Wenn du danebengesessen hast, dann wollte ich immer, dass du stolz bist. Aber vor allem bei Mathe und Chemie wusste ich schon vorher: »Ich check das einfach nicht!« Wenn du das dann beim Lernen gemerkt hast, bist du nervös geworden und hast angefangen, Schoki zu essen. Immer wenn du an die Süßigkeitenschublade gegangen bist, wusste ich: Alarmstufe Rot.

Die Schokolade brauchte ich zur Beruhigung. Hat aber meistens nicht geholfen ... Hinterher war ich noch genervter, weil ich den Süßkram gegessen hatte.
IDA: Wenn ich mal Kinder hätte, mit denen ich lernen müsste, und wenn die Kinder dann in der Schule so wären wie ich, dann

würd ich bestimmt ständig ausflippen. Ich glaub aber, ich will gar keine Kinder.

Jetzt mal was Positives: Was war das Schönste in eurem Schulleben?
IDA: Als ich den Übertritt geschafft habe.
GRETA: Als ich den Probeunterricht geschafft habe. Ich weiß noch genau, wie das war: Das war im Mai 2010, ein Donnerstag. Ich war bei dir in der Redaktion, und da hat dich einer der Lehrer angerufen und gesagt: »Herzlichen Glückwunsch. Die Greta hat bestanden und hat bei uns einen Platz.«

Kurz nach deinem Übertritt, Ida, bin ich ja nach Hamburg gegangen, was habt ihr beide da eigentlich gedacht?
GRETA: Mein erster Gedanke war: »Wie soll ich das mit der Schule machen, wenn Mama nicht mehr da ist?« Die Vorstellung, ich hab zu Hause niemanden mehr, der mir mit dem Stoff hilft, hat mich fast noch mehr gestresst als die Vorstellung, wir könnten nach Hamburg ziehen und ich würde meine Freunde verlieren.
IDA: Ich hab das am Anfang gar nicht kapiert, was das bedeutet. Aber dann war ich ganz durcheinander und hab dich furchtbar vermisst. In der fünften und sechsten Klasse vor allem als Mama. In der siebten und achten auch als Lehrerin. Da hab ich ja auch oft in Hamburg angerufen.

Im Nachhinein glaub ich ja, dass Hamburg gar nicht so schlecht war – jedenfalls was unsere Schulsache angeht. Das war so eine verordnete Distanz – vielleicht hätte das schon vorher passieren müssen.
GRETA: Nein, auf keinen Fall. Für mich war es genau der richtige Zeitpunkt. Ich habe dann angefangen, mit meinen Freundinnen zu lernen, und bin insgesamt selbstständiger geworden, was das Schulthema angeht. Und ich habe kapiert, dass ich das für mich mache, nicht für dich. Dann gab es dieses Nachhilfe-

programm an der Schule: »SuSi«, »Schüler unterrichten Schüler intensiv«. Das war auch gut. Und dann hatte ich ja auch ab und zu Nachhilfestunden.
IDA: Und bei Nachhilfeleuten flippt man sowieso nicht so schnell aus. Da kann man sich eher zusammenreißen. Da ist nicht so viel Gefühl, und es ist auch nicht so wichtig, dass die stolz sind.

Greta, als du letztes Jahr dein Fachabi-Zeugnis bekommen hast, hast du gesagt: »Das schicke ich der Frau T.« – und du meintest die Frau aus der Beratungsstelle, die dich in der zweiten Klasse getestet hat und dann sagte: Gymnasium sieht sie bei dir nicht, Realschule ganz vielleicht.
GRETA: Das hat sie ja damals nicht zu mir gesagt, aber zu euch. Und nachdem ihr mir das viel später mal erzählt habt, dachte ich immer: »Der zeig ich's!« Es wäre eine Wahnsinnsgenugtuung, wenn ich der jetzt mein Zeugnis unter die Nase halten könnte: Hier bitte schön, Fachabi mit Zweierschnitt. Und mein volles Abi mach ich jetzt auch noch. Ätsch!

Wie war das überhaupt für euch: Wir waren ja im Laufe eurer Schulzeit bei einigen Ärzten und Beratungsstellen, um rauszufinden, warum das mit der Schule so ein Stress ist.
IDA: Meistens muss man da ja immer irgendwelche Tests machen, und da denkt man dann automatisch, man hat ein fettes Problem oder ist irgendwie psycho. Ich mochte auch nie, wenn ihr dann so über mich geredet habt: Der Arzt und du und ich saß daneben. Also ich hatte da immer erst mal so eine Abwehrhaltung.
GRETA: Ja, mit sieben, als du mit mir diese ganzen Tests gemacht hast, hat mich das total verunsichert. Die waren zwar alle nett, aber ich wusste nicht, was die ganze Fragerei soll und diese Zettel, die ich immer ausfüllen sollte. Ich dachte: »Ich bin doch ganz normal, nur manchmal, wenn was Neues kommt, muss ich eben weinen.« Heute glaube ich, dass ich mit der Ein-

schulung schon überfordert war. Aber Mama, ich muss dich jetzt auch mal was fragen: Papa und du, ihr habt euch ja oft gestritten wegen der Schule. Was hat euch geholfen nach solchen Streits?

Manchmal hat gar nichts geholfen, dann mussten einfach ein, zwei Tage vergehen. Die Schule war all die Jahre eine große Belastung, das stimmt schon. Aber irgendwie wussten wir auch immer: Wenn unsere Familie kaputtgeht, wird alles nur noch schlimmer. Auch der Schulstress. Wir haben dann viel geredet. Mit Papa kann man ja sehr gut reden. Wir haben verstanden, dass wir auch deshalb so unterschiedlich mit diesem Thema umgehen, weil wir selber ganz unterschiedliche Schulkarrieren hatten. Bevor das mit Hamburg kam, hat Papa auch mal gesagt: »Such dir ein Zimmer in der Stadt, da kannst du dann hin, wenn du das mit der Schule nicht mehr aushältst.« Aber das fand ich dann doch irgendwie übertrieben. Und ein bisschen wie Verrat.

GRETA: Eine Zeit lang seid ihr ja auch immer zusammen wandern gegangen – ohne uns. Und abends wart ihr dann albern und gut gelaunt. Später hatten wir den Bauwagen – und Papa war da öfter alleine.

Ja, und wenn er zurückkam, konnten wir einen Haken machen hinter den Streit – bis zur nächsten Fünf. Aber jetzt sagt mal: Was hat euch geholfen?

GRETA: Für mich war Mona ganz wichtig, damals als wir für den Übertritt gelernt haben. Die hat mir nicht nur die Würfelnetze erklärt. Sondern sie war wie eine große Freundin und hat immer gesagt: »Greta, du schaffst das. Du machst das toll.«

IDA: Ich weiß noch, als ich den Übertritt geschafft hatte mit dem Schnitt fürs Gymnasium. Da war ich so wahnsinnig stolz. Und dann habt ihr mich für die Realschule angemeldet. Ich war endsauer auf euch. Aber dann, als mir die Klassenlehrerin beim Abschluss das Zeugnis gegeben hat und meinte: »Ida, ich glaube, das mit der Realschule wird richtig gut. Ich seh ganz viel Potenzial in dir ...«, da war ich dann versöhnt. Ich dachte: »Na ja, wenn du aufs Gymnasium gehst, gehörst du zwar jetzt zu den Coolen, die es geschafft haben – aber wenn du nach einem Jahr wieder runtermusst, ist das viel uncooler, als gleich auf die Realschule zu gehen.«

Es gab also auch gute Lehrer?
BEIDE. Ja unbedingt. Es gab mehr gute Lehrer als schlechte.

Greta, war Katja Stingel eine gute Lehrerin?
GRETA: Nein, Katja Stingel fand es super, wenn die Probe schlecht ausgefallen war, dann konnte sie schimpfen und Dampf ablassen und wütend in den Heften rumstreichen. Sie hatte meistens laute, hohe Schuhe an und ist dann – *klack-klack* – mit einem Berg Mappen unter dem Arm rausgerauscht. Denn Rausrauschen und Sich-total-wichtig-Fühlen, das war voll ihr Ding. Das hatte sie nicht, wenn sie Greta war. Und deshalb brauchte Greta ja auch Katja.

Ida, du hast auch eine ganz besondere Lehrerin, sie hat vier Beine ...
IDA: Du meinst Samba? Ja, von Samba habe ich viel gelernt. Sie war eine große Herausforderung!

Meinst du, dass du das, was du beim Reiten gelernt hast, auch auf die Schule übertragen kannst?
IDA: Die Sache mit dem Durchhalten und Nicht-Aufgeben schon. Aber es gibt ein paar ziemlich wichtige Unterschiede: Reiten ist Freiheit. Galoppieren ist Fliegen. Schule bedeutet stundenlang im Klassenzimmer sitzen zu müssen, manchmal ist das für mich wie Gefängnis. Beim Reiten habe ich außerdem alles zusammen mit Samba gelernt. In der Schule bin ich allein. Vor allem mit den schlechten Noten.

Was ist das Schlimmste an schlechten Noten?
IDA: Dass man dann in der Schule rumheult. Und verzweifelt ist. Vor allem, wenn man vorher gelernt hat, ist das ganz schlimm. Dann denkt man, man ist enddumm. Und dann muss man auch noch nach Hause und euch die Note sagen.
GRETA: Ja, das ist dann gleich doppelt schlimm: Man ist selber gefrustet und muss dann noch die Enttäuschung von euch Eltern aushalten. Also Mama, bei dir hab ich die Enttäuschung immer gemerkt, auch wenn du nur geguckt und gar nichts gesagt hast.

Ich weiß, tut mir leid! Lernt man denn eigentlich das Richtige in der Schule?
GRETA: Manches ist schon gut: Politik, Psychologie interessiert mich. Englisch und Französisch sind super, wenn man reist und im Ausland unterwegs ist. IT, da lernt man, wie man Präsentationen macht. Aber wenn man wirklich fürs Leben lernen würde, dann würde man auch beigebracht kriegen, wie man eine Steuererklärung macht, gut mit Menschen umgeht, Zivilcourage. Oder – ganz wichtig – wie man sich vernünftig ernährt. Außerdem bin ich dafür, dass in der Schule viel mehr über Nachhaltigkeit geredet wird.

Ja, dafür wäre ich auch. Am besten, man führt gleich ein neues Schulfach ein: Ökosystemlehre oder so. Und ich wäre noch für ein weiteres neues Fach: Mein Handy und ich.
BEIDE: Hä?

Ja, ich finde, ihr solltet in der Schule mehr darüber lernen, wie ihr euer Smartphone sinnvoll nutzt – und wie ihr es schafft, es auch mal wegzulegen und nicht bei jedem Piep raufzuschauen und hohl rumzuchatten. Das wäre doch mal echte Lebenshilfe.
GRETA: Typisch Mutter! Immer diese Handyskepsis. Aber ja, du hast recht. Man verdaddelt schon viel Zeit.

Apropos fürs Leben lernen: Ida, weißt du noch, wie die Hauptstadt von Moldawien heißt?
IDA: Nö, aber ich weiß, dass wir das zusammen mit diesen Schnipseln auf dem Fußboden geübt haben: die europäischen Länder mit den Hauptstädten und Flaggen. Da hab ich damals, glaub ich, sogar eine Eins geschrieben. Aber heute weiß ich nicht mal mehr, wo Moldawien liegt. Und schon gar nicht die Hauptstadt.

Sie heißt Chișinău, und Moldawien lag bei uns unter dem Sofa – jedenfalls nachdem Papa die Tür aufgerissen hatte. Jetzt noch eine letzte Frage, die jeder gute Coach stellt – spinnt doch mal ein bisschen rum: Wo seht ihr euch in fünf Jahren?
IDA: Ich mache nach der Realschule erst mal eine Ausbildung. Vielleicht als Immobilienmaklerin. Vielleicht geh ich dann noch auf die BOS und schaff mein Abi. Oder ich gehe ins Ausland, zum Beispiel nach Norwegen. Da arbeite ich auf einer Husky-Farm. Noch später bin ich dann eine coole Geschäftsfrau. Und ich habe mein eigenes Pferd.
GRETA (lacht über Idas Zukunftsvision): Ich studiere. In Wien oder in Amsterdam. Vielleicht Psychologie. Vielleicht Ernährungsmanagement. Vielleicht Medizin. Ich möchte mal irgendwo arbeiten, wo ich den Menschen was Gutes tun kann.

Wie wäre es mit Schule? Die brauchen da dringend eine bessere Version von Katja Stingel.
BEIDE: Mama!!!

Anmerkungen

[1] Alle Namen von Kindern, Freunden und Bekannten, die in diesem Buch nur mit Vornamen genannt werden, sind geändert.

[2] Saul, Richard: ADHD does not exist. The Truth About Attention Deficit and Hyperactivity Disorder, Harper Wave, 2014. ADHS wird international üblicherweise mit ADHD (attention deficit hyperactivity disorder) abgekürzt.

[3] Reinders, Heinz/Ehmann, Tamara/Post, Isabell/Niemack, Juliane: Stressfaktoren bei Eltern und Schülern am Übergang zur Sekundarstufe. Abschlussbericht über die Elternbefragung in Hessen und Bayern 2014, S. 21; http://www.jugendforschung.de/pdf/SEB-33.pdf [14. Dezember 2018].

[4] Süddeutsche Zeitung: SPD: Übertrittsverfahren ist verfassungswidrig, 6. 9. 2016; https://www.sueddeutsche.de/bayern/gutachten-spd-uebertritts-verfahren-ist-verfassungswidrig-1.3150421 [14. Dezember 2018].

[5] Reinders u. a., S. 21.

[6] 37 Grad: Das Jahr der Entscheidung, ZDF, Erstausstrahlung am 6. 10. 2009.

[7] Mandl, Mandana/Reichel, Miriam: Das ultimative Probenbuch, MaMis Verlag. Die Bücher werden ständig neu aufgelegt.

[8] Siehe zum Beispiel: Jungkamp, Burkhard/John-Ohnesorg, Marei (Hrsg.): Soziale Herkunft und Bildungserfolg, in: Schriftenreihe des Netzwerk Bildung, Friedrich-Ebert-Stiftung, 2016, Vorwort.
Oder: Der Spiegel: »Erkan war mindestens ebenbürtig«, Interview mit der Soziologin Jutta Allmendinger über Diskriminierung im Bildungssystem, 28. 9. 2012; http://www.spiegel.de/lebenundlernen/schule/ungerechtigkeit-in-der-schule-allmendinger-kritisiert-bildungssystem-a-857156.html [14. Dezember 2018].

[9] Bude, Heinz: Bildungspanik. Was unsere Gesellschaft spaltet, dtv, 2017, S. 41.

[10] Ebd., S. 20.

[11] Ebd., S. 22.

[12] Ebd., S. 14.

[13] Ebd., S. 34–35.

[14] Süddeutsche Zeitung: »Geschlossene Gesellschaft«, Interview mit den Bildungsforschern Heinz-Hermann Krüger und Werner Helsper, 5. 3. 2018; https://www.sueddeutsche.de/bildung/schulen-geschlossene-gesellschaft-1.3890943?reduced=true [14. Dezember 2018].

[15] Wippermann, Katja/Wippermann, Carsten/Kirchner, Andreas (Hrsg.): Eltern – Lehrer – Schulerfolg. Wahrnehmungen und Erfahrungen im Schulalltag von Eltern und Lehrern, Lucius & Lucius, 2013.

[16] Ebd., S. 37.

[17] Ebd., S. 67.

[18] Ebd., S. 66.

[19] Bildung in Deutschland 2018, S. 12; https://www.bildungsbericht.de/de/bildungsberichte-seit-2006/bildungsbericht-2018/bildung-in-deutschland-2018 [14. Dezember 2018].

[20] Czerny, Sabine: Was wir unseren Kindern in der Schule antun … und wie wir das ändern können, südwest, 2010, S. 150.

[21] Plomin, Robert: Sie werden, was sie sind, in: DIE ZEIT, 4. 10. 2018, S. 36.

[22] Berbner, Bastian/Sussebach, Henning: In Braunschweig machen 48 Prozent der Schüler Abitur. In Cloppenburg 18 Prozent. Wie kann das sein?, in: DIE ZEIT, 15. 3. 2018, S. 15.

[23] Vordermann, Carol (Hrsg.): Mathe für Eltern. Was Sie wissen müssen, um Ihr Kind zu unterstützen, Dorling Kindersley, 2013.

[24] Schneider, Stephanie: Der kleine Schulstress-Berater. Wie Sie und Ihr Kind entspannt durch die Schule kommen, Kösel, 2014, S. 18.

[25] Kultusministerkonferenz: Abiturnoten im Ländervergleich, 2016; https://www.kmk.org/dokumentation-statistik/statistik/schulstatistik/abiturnoten.html [14. Dezember 2018].

[26] Schmidt, Florian: Anteil an 1,0-Abiturienten in Berlin steigt, 1. 6. 2018; https://www.bz-berlin.de/berlin/anteil-an-10-abiturienten-in-berlin-steigt [14. Dezember 2018].

[27] Kaiser, Astrid: Vornamensstudien; http://astrid-kaiser.de/forschung/projekte/vornamensstudien.php [14. Dezember 2018].

[28] Pennac, Daniel: Schulkummer, KiWi, 2009.

[29] Ebd., S. 27.

[30] Czerny, S. 44.

[31] Hartmann, Christine (Regie): Keine Zeit für Träume, ARD, Erstausstrahlung am 12. 3. 2014.
[32] Wippermann u. a., S. 37.
[33] Bauer, Tina: Die Mär von 8 Sekunden: Warum wir eine höhere Aufmerksamkeitsspanne als Goldfische haben, 16. 6. 17; https://onlinemarketing.de/news/aufmerksamkeit-goldfisch-mythos [14. Dezember 2018].
[34] Beland, Louis-Philippe/Murphy, Richard (Centre for Economic Performance): Discussion Paper No. 1350/May 2015, III Communication: Technology, Distraction & Student Performance, S. 3; http://cep.lse.ac.uk/ [14. Dezember 2018].
[35] Sunderland, Margot: Die neue Elternschule. Kinder richtig verstehen und liebevoll erziehen, Dorling Kindersley, 2006, S. 20.
[36] Hüther, Gerald: Mit Freude lernen – ein Leben lang. Weshalb wir ein neues Verständnis vom Lernen brauchen, Vandenhoeck & Ruprecht, 2016, S. 105–106.
[37] Scoyo/ZEIT LEO-Studie 9/2013; https://www-de.scoyo.com/eltern/lernen/lernen-mit-spass/artikel-studie-lernen-mit-spass [14. Dezember 2018].
[38] Hüther, S. 113.
[39] Ebd., S. 114.
[40] Stern, Elsbeth: Wie viel Hirn braucht die Schule? Chancen und Grenzen einer neuropsychologischen Lehr-Lern-Forschung, in: Zeitschrift für Pädagogik, Heft 4/2004 (50. Jg.), S. 536–537.
[41] Klemm, Klaus/Hollenbach-Biele, Nicole: Studie der Bertelsmann Stiftung. Nachhilfeunterricht in Deutschland. Ausmaß – Wirkung – Kosten, 2016; https://www.bertelsmann-stiftung.de/fileadmin/files/BSt/Publikationen/GrauePublikationen/Nachhilfeunterricht_in_Deutschland_160127.pdf [14. Dezember 2018].
[42] Ebd.
[43] Siehe zum Beispiel die Zahlen des Wirtschafts- und Sozialwissenschaftlichen Instituts WSI: »Höchster Schulabschluss der 20- bis 29-Jährigen in Deutschland«. 1991 machten 22,4 Prozent der Mädchen Abitur und 24 Prozent der Jungen. 2015 waren es 53,8 Prozent der Mädchen und 46,5 Prozent der Jungen. https://www.boeckler.de/52377.htm [14. Dezember 2018].
[44] Siehe die Vergleichszahlen des Wirtschafts- und Sozialwissenschaftlichen Instituts WSI: »Teilzeitquoten der erwerbstätigen Frauen und Männer in den 28 EU-Ländern (2016)«; https://www.boeckler.de/64612.htm [14. Dezember 2018].

[45] Wippermann u. a., S. 157.
[46] Mika, Bascha: Die Feigheit der Frauen. Rollenfallen und Geiselmentalität. Eine Streitschrift wider den Selbstbetrug, C. Bertelsmann, 2011.
[47] Sie brauchen Hilfe? Dann schauen Sie mal hier: www.schulsystem.info/schularten.html [14. Dezember 2018].
[48] Bude, S. 128.
[49] Ebd., S. 128.